유럽 대륙철학

첫단추 시리즈
012

유럽 대륙철학

사이먼 크리츨리 지음
이재만 옮김

교유서가

차례

서문

> 영국에서 강단 철학은 한동안 대체로 논리학과 인식론으로 국한되었으며, 철학을 이런 의미로 한정하는 추세, 예로부터 철학이 일반적인 도덕적·지적 체계들과 연관된 것을 오류로 간주하는 추세가 나타나고 있다. 이는 강력하지만 매우 국지적인 습성이다.
>
> —레이먼드 윌리엄스, 『키워드Keywords』

1999년 10월 5일, 마거릿 대처(Margaret Thatcher)는 유럽연합의 전망을 현재 어떻게 보는지 밝혀달라는 요구를 받고서 이렇게 발언했다. "제 인생의 모든 문제는 유럽 본토에서 나왔고, 모든 해결책은 영어권에서 나왔습니다." 명백히 거짓이긴 하지만, 이 발언은 깊은 진실을 표현하고 있다. 그 진실이란 영어권의 주민들 다수가 보기에, 아울러 영어권 외부의 주민들 일부가 보기에, 유럽 대륙〔이 책에 쓰인 '대륙'은 별다른 언급이 없는 한 모두 '유럽 대륙'을 가리킨다—옮긴이〕의 사회, 언어, 정치 체제, 전통, 지리와 그들의 세계가 실제로 나뉜다는 것이다. 영국의 정치, 특히 우파의 정치(우파의 정치에만 해당하는 이야기는 결코 아니지만)를 규정짓는 특징은, '유럽 혐오자'와 '유럽 애호자'—정적들은 서로를 '유럽 회의론자'와 '유럽 광신자'라고 부른다—를 구별한다는 것이다. 다시 말해 '대륙적인' 것과 그에 반대하는 모든 것, 즉 대처 남작이 일부러 윈스턴 처칠을 떠올리게 하는 어조로 '영어권'이라고 부른 세계 사이에 문화적 구별선이 있다는 것이다. 누군가는 둘 사이에 분리선이 있다고, 어쩌면 심연이 있다고까지 말할 것이다. 대륙철학은 이 문화적 분리선을 나타내는 한 가지 표현이다. 이 얇은 책의 목표는 이런 일이 왜 일어났는지, 이 사실이 왜 중요한지, 그리고 이 사실이 오늘날과 미래의 철학 활동에 어떤 결과를 가져올지 설명하는 것이다.

대륙철학이 철학에서 잘 규정된 주제 영역이냐는 점은 논란의 여지가 있는 문제다. 그리고 설령 이 점을 인정하더라도, '대륙철학'이 과연 이 주제 영역을 기술하는 가장 적합한 용어냐는(이를테면 대안으로 자주 쓰이는 '근대 유럽 철학'보다) 점 또한 논란거리다. 일단은 대륙철학이 다른 개념과 경합하는 개념이라고만 말해두겠다. 나는 이 점을 유념하는 가운데 이 책에서 삼중의 목적을 이루고자 한다.

1. 대륙철학이 논란의 영역인 이유를 보여주기 위해 한편으로는 이 용어의 역사와 의미를 고찰하고, 다른 한편으로는 서로 대립한다는 분석철학 또는 영미 철학과 대륙철학이 어떻게 분화되었는지, 그리고 분석철학이 대륙철학을 어떻게 표현하는지를 고찰한다.

2. 대륙철학 개념을 어떻게 하면 잘 규정할 수 있을지를 보여준다. 또한 영미 전통에서 너무도 자주 무시하거나 묵살해온 일군의 뚜렷한 철학 전통과 실천, 아울러 일련의 설득력 있는 문제가 어떻게 대륙철학을 구성하는지를 보여준다.

3. 대륙철학과 분석철학이란 무엇이고 누가 어느 편에 속하느냐는 문제를 둘러싼 전문가들의 말다툼을 넘어, 앞으로 우리가 철학 **자체**에 관해 어떻게 하면 종전보다 나은 논의를 펼칠 수 있을지를 보여준다.

나는 제1장에서 이 목적을 조금 우회하여 현대 철학이 마주하고 있는 더 큰 문제를 개괄할 것이다. 바로 지혜와 지식의 관계라는 문제다. 대부분의 철학에서 우리가 어떻게 알고 무엇을 아느냐는 이론적 물음과, 좋은 삶이나 충만한 삶을 영위한다는 것이 무엇을 의미하느냐는 좀더 실천적이거나 실존적인 물음 사이에는 간극이 있다. 대부분의 주류 철학은 전체의 얼개를 파악하는 단일한 견해로 지식과 지혜를 통합하려 시도하는 과제를 포기해왔다. 나는 대륙철학의 호소력이 얼마나 지식과 지혜(또는 이론과 실천)를 갈라놓는 이 간극을 연결하거나 좁히려는 시도, 그리하여 철학이란 지혜에 대한 사랑이라는 고대의 정의와 공명하는 무언가를 간직하려는 시도에 있는지를 보여주려 애쓸 것이다. 그러나 앞으로 보겠지만, 갈수록 자연과학의 절차를 본뜨고 있는 세계에서 이런 견해에도 그 나름의 문제들이 없는 것은 아니다.

그다음 몇 장은 철학을 구별하는 또다른 고전적 방식—역사적 방식과 체계적 방식—을 기준으로 나눌 수 있다. 제2장에서는 대륙철학과 분석철학을 구별하는 상이한 역사적 방식들을 개괄한다. 나는 이마누엘 칸트의 저술을 수용한 18세기 후반의 대륙철학까지 거슬러올라간다. 칸트는 여러 면에서 대륙 전통과 분석 전통에 다 속하는 마지막 위대한 인물이자, 두 전통의 분기를 알리는 인물이다. 나는 칸트에 다가가는 상이한 접근법들을 대조함으로써 이렇게 된 이유를 검토할 것이다. 또한 1780년대와 1790년대에 칸트의 저술이 고무한 논쟁들을 어느 정도 상세히 살펴본 뒤, 어떻게 이 논쟁들이 요한 고틀리프 피히테(Johann Gottlieb Fichte)와 게오르크 빌헬름 프리드리히 헤겔(Georg Wilhelm Friedrich Hegel)의 저술을 통해 독일 관념론의 핵심 쟁점이 되었는지를 보여줄 것이다. 이 쟁점은 "칸트의 이성 비판은 그 명시적인 의도와 정반대로 결국 도덕적·종교적 믿음의 기반을 침식하는가?"라는 물음이다. 다시 말해, 모든 믿음에 대한 비판이어야 하는 이성 비판은 완전한 회의주의와 니힐리즘이라는 악몽으로 귀결되는가? 우리는 이 생각이 19세기와 20세기에 대륙철학에 끼친 중요한 영향을 추적할 것이다.

제3장에서는 대륙철학과 분석철학을 구별하는 데 따르는 몇 가지 문제를 고찰한 뒤, 문헌에서 이 구별을 약간 정형적이지만 재미있게 표현한 몇몇 사례를 살펴본다. 그런 다음 대륙철학의 두 가지 의미를 논한다. 하나는 철학자들이 사용하는 전문적 자기기술(記述)이라는 의미이고, 다른 하나는 마거릿 대처를 포함해 더 많은 사람들이 사용하는, 특정한 역사를 가진 문화적 특징이라는 의미다. 대륙철학에 대한 분석철학자들의 적의와 오해는 대부분 이 두 가지 의미가 이로울 것 없는 방식으로 뒤얽혔다는 사실, 그리고 전문적 자기기술이 대개 해로운 방식으로 문화적 특징을 덮어버렸다는 사실에서 기인한다는 것이 나의 주장이다. 뒤이어 나는 영어권 대륙철학의 역사와 문화적 맥락을 살펴보는 가운데, 두 철학 전통의 분쟁을 이해하는 최선의 관점은 찰스 퍼시 스노(Charles

Percy Snow)의 유명한 '두 문화' 모델, 즉 영어권의 문화생활은 한편의 과학과 다른 한편의 문학 또는 인문학적 이해로 나뉜다는 모델의 관점이라는 테제를 제시한다. 다시 말하자면, 대륙철학은 영어권 '너머 저기에서' 일어나는 어떤 낯선 일이라기보다는, '영국성(Englishness)'과 비슷한 무언가의 심장부에서 표현하는 적의다. 이와 관련하여 나는 존 스튜어트 밀(John Stuart Mill)의 유익한 역사적 사례에 초점을 맞추어, 영국의 문화가 경험주의적 사유 습성과 사변적 사유 습성으로 양분되는 상황, 제러미 벤담(Jeremy Bentham)의 공리주의와 새뮤얼 테일러 콜리지(Samuel Taylor Coleridge)의 낭만주의 사이의 적대로 나타나는 상황에 관한 밀의 핵심적 성찰을 살펴볼 것이다. 제3장의 끝부분에서 나는 두 문화의 분쟁을 표현한 좀 더 최근의 사례들에 주목한다.

제4장에서 나는 대륙철학의 고유하고 설득력 있는 측면을 더욱 체계적으로 보여주려 한다. 철학자들의 실천이 서로 다른 까닭을 어떻게 설명할 수 있을지에 관해 조금 말한 뒤, 나는 전통 개념과 역사 개념에 초점을 맞추어 두 철학자—에드문트 후설(Edmund Husserl)과 마르틴 하이데거(Martin Heidegger)—가 이 용어들을 이해한 흥미로운 방식을 보여준다. 나는 세 가지 핵심 용어인 **비판**, **실천**, **해방**을 중심으로 대륙 전통의 철학적 실천을 기술하는 모델을 제안한다. 이를 통해

근대 세계의 사회적 실천에 대한 비판, 즉 개인적·사회적 해방이라는 목표를 열망하는 비판을 제시하는 작업에 대부분의 대륙철학이 어떻게, 그리고 왜 관여하는지를 보여주려 한다.

그런 다음 나는 핵심 개념인 니힐리즘, 즉 신에 대한 믿음이나 영혼의 불멸 같은 최고 가치들을 무너뜨리고 탈가치화하는 입장을 다시 살펴본다. 니힐리즘을 명확하게 표현한 이는 프리드리히 니체(Friedrich Nietzsche)이며, 나는 니체가 이해한 니힐리즘이 러시아에서 어떤 흥미로운 맥락에 있었는지 약술할 것이다. 그후에 나는 문화적·지적 병리가 어떻게 니체의 니힐리즘 진단으로 이어졌는지, 니체 이후에 니힐리즘이 어떻게 반동적 모더니즘과 진보적 모더니즘으로 양분되었는지, 여기서 어떻게 철학과 비철학의 관계에 관한 대륙 전통의 특정한 이해로 귀결되었는지를 보여주고자 한다.

제6장은 특수한 사례연구를 다룬다. 대륙철학과 분석철학 사이의 오해를 전형적으로 보여주는 논전(論戰)을 하나 꼽자면, 1930년대 초부터 하이데거와 루돌프 카르나프(Rudolf Carnap)가 벌인 논전일 것이다. 본질적으로 이는 카르나프와 빈 학단이 주창한 과학적 세계 파악과, 하이데거가 말한 실존적 또는 이른바 '해석학적' 세계 경험 사이의 논전이다. 근래에 분석철학자들과 대륙철학자들이 주고받은 오해는 대부분 하이데거와 카르나프의 이 묘한 교착 상태로까지 거슬러올라

갈 수 있으며, 그런 까닭에 정확히 무엇이 잘못되었는지 살펴볼 필요가 있다.

제7장에서 나는 과학적 세계 파악과 해석학적 세계 파악의 관계에 관한 논의를 확장하여 **과학주의** 대 **몽매주의**라는 문제를 다룬다. 대륙 전통에 속하는 철학 태반이 근대 세계의 위기의식에 대응하려 하고 또 해방을 염두에 두고서 현재에 대한 비판의식을 내놓으려 한다는 사실은, 분석철학 태반과 상반되는 대륙철학의 가장 현저하고도 극적인 특징, 즉 대륙철학의 **반과학주의**를 설명하는 데 도움이 된다. 대륙철학이 과학주의를 비판하는 까닭은 자연과학의 모델이 철학 방법의 모델을 제공할 수도 없거니와 **제공해서도 안 된다**고 믿기 때문이다. 또한 세계에 접근하는 일차적이고도 가장 유의미한 길을 자연과학이 인간에게 제공하지 못한다고 믿기 때문이다. 우리는 대륙철학 사상가들 전반에 걸쳐서, 이를테면 앙리 베르크손(Henri Bergson), 후설, 하이데거, 그리고 1930년대부터 프랑크푸르트학파와 결부된 철학자들에게서 이런 신념을 찾아볼 수 있다. 과학주의에 대한 이런 우려는 비록 정당하기는 해도, 근수십 년간 반과학적 태도와 융합하여 자칫 **몽매주의**로 빠져들 위험을 무릅쓰기도 했다. 내가 보기에 철학에서 피해야 할 두 극단은 과학주의와 몽매주의다. 카르나프와 하이데거의 논전이 뚜렷하게 보여주듯이, 두 극단은 분석철학과 대륙철학 각

각에 내재하는 극히 해로운 경향을 반영한다. 과학주의와 몽매주의라는 두 극단의 대안으로 나는 양자 사이의 '제3의 길'을 제안한다.

종장에서는 내가 일관되게 생각하는 '철학의 약속'에 관해 짧게나마 숙고한다. 오늘날 철학 연구의 분열은 부적절하고 분파적인 전문적 자기기술(당신은 분석철학자, 후기 분석철학자, 대륙철학자, 근대 유럽 철학자 가운데 어느 쪽입니까?)의 결과다. 대륙철학과 분석철학 둘 다 대단히 분파적인 자기기술이며, 이는 철학의 전문화, 내가 보기에는 철학의 비판 기능을 약화하고 문화생활에서 철학을 점차 주변화해온 전문화의 결과다. 철학은 문화생활의 필수적인 표현이어야 한다는 것이 나의 견해다.

본론으로 들어가기에 앞서 두 가지 단서를 달고 고마움을 전해야겠다. 나의 목적은 핵심 논지를 가능한 한 평이하게 전달하는 데 초점을 맞추기 위해 참고문헌을 최소한으로 줄이는 것이었다. 이는 내가 곳곳에서 다른 철학자들의 논거와 생각을, 때로는 나 자신이 다른 출간물에 발표한 생각을 가져다 쓰거나 빌려온다는 것을 뜻한다. 이에 대해 사과할 생각은 없는데, 지적 호기심은 왕성하나 확실히 비전문가인 독자를 염두에 두고서 이 책을 썼기 때문이다. 책 말미의 참고문헌과 독서안내는 출처를 밝히는 한편 관심 있는 독자들에게 이 책에서 어디로 나아갈 수 있을지를 알려주기 위해 제시했다.

우리가 생각하는 대륙철학을 구성하는 사상가, 전통, 운동 전체에 대한 개관이나 요약을 여러분은 이 책에서 찾지 못할 것이다. 다시 말해 내가 다루는 범위에는 커다란 구멍들이 있다. 대륙철학을 요약한 책들은 이미 나와 있고, 그중 일부는 아주 훌륭하며, 그런 책들의 수를 늘리는 것은 나의 의도가 아니었다. 오히려 이 책은 대륙 전통 철학의 본질에 관한 논증적 반성에 더 가까우며, 이 책의 문체는 교과서가 아닌 에세이의 문체다. 달리 말하면, 이제부터 여러분이 읽을 내용은 나의 특이한 견해다.

이 책의 초고는 2000년 3월부터 5월까지 썼다. 이 기간에 나는 시드니 대학에서 철학 초빙 강사로 지내는 행운을 누렸고, 강의 노트를 토대로 원고를 완성했다. 이 말을 하는 이유는 다음과 같은 우연의 일치 때문이다. 내가 시드니에 도착한 2000년 3월 1일, 시드니 대학의 '일반(General)' 철학과와 '전통과 현대(Traditional and Modern)' 철학과가 27년간의 별거를 끝내고 단일 철학과로 다시 통합되었다. 그런데 이 별거—서로 악감정을 드러내지 않았던 것도 아니고, 악감정이 흔적도 없이 사라진 것도 아니라는 점은 지적해야겠다—는 애초에 정치적 이견에서, 본질적으로 1970년대 초에 오스트레일리아의 베트남전 참전을 둘러싼 입장 차이에서 기인했지만, 동시에 지적 이견도 있었으며, 그중에서 가장 중요한 차이는 철학과 정치의 관계, 특히 철학과 마르크스주의 및 페미니즘의 관계를 둘러싼 입장 차이였다. 두 철학과의 분과를 분석철학과 대륙철학의 분열이라는 관점에서 설명할 수 있다고 한다면 정확한 말이 아니겠지만, 분석철학과 대륙철학의 분열이 갖가지 해로운 방식으로 이 분과를 공고히 했던 것은 분명하다. 이 분과를 다시 생각하는 데 도움을 준 친구들과 동료들, 무엇보다도 나의 학생들에게 고마움을 전하고 싶다. 마지막으로, 이 책은 내가 아니라 옥스퍼드 대학 출판부의 탁월한 편집자 셸리 콕스(Shelley Cox)의 발상에서 비롯되었다. 그토록 좋은 생각을 제안해준 콕스에게 감사드린다.

제 1 장

지식과 지혜의 간극

철학은 지혜에 대한 사랑이다. 지혜를 사랑한다고 생각한다면, 당신이 탐구할 주제는 철학일 것이다. 그런데 철학이 가르치는 지혜란 무엇인가? 소크라테스가 보기에, 그리고 그 이후에 등장한 거의 모든 고대 철학자들이 보기에, 철학이 가르치는 지혜는 좋은 삶을 영위한다는 것이 무엇을 의미하느냐는 물음과 관련이 있었다. 대다수 고대 철학자들에게 좋은 삶은 곧 행복한 삶이기도 하다는 것은 공리나 마찬가지였다. 아리스토텔레스가 명확히 표현했으나 후대에 이르러서야 스토아학파 같은 헬레니즘 학파들이 상정한 이런 견해에 따르면, 철학은 최고의 행복을, 즉 무심하게 관상하는 삶을 얻게 해줄 것이다. 따라서 철학은 반성하는 삶, 캐묻는 삶이며, 캐묻지 않는 삶은 살아갈 가치가 없다고 상정한다. 철학은 인간들을 형성해야지 그들에게 정보를 주는 데 그쳐서는 안 된다.

그러나 캐묻지 않는 삶이 살아갈 가치가 없다고 할지라도, 살아가지 않는 삶은 캐물을 가치가 없다는 것, 그리고 고대인들에게 철학은 평상시 사회생활의 실천적 다툼과 별개가 아니었다는 것을 잊어서는 안 된다. 오히려 철학은 진리라는 이름으로 통하는 진리를 캐묻는 반성적 실천으로서, 고대 희랍인들이 폴리스(polis)라고 부른 정치생활의 공적 영역에서 일어나는 어떤 일이었다. 고대의 철학은 현저히 **실천적인** 활동이었으며, 이는 17세기 이래 압도적으로 이론적인 탐구가 되어온 철학과는 확연히 다른 것이다.

고대의 견해에 따르면 철학이 우리에게 사랑하라고 가르치는 지혜는 좋은 삶에 대한 추구와 동일하며, 반성하고 관상하는 삶인 좋은 삶은 그 정의상 행복한 삶이기도 하다. 그런데 이상하게 들릴지 모르겠지만, 철학 **외부**—다시 말해 철학계 외부—의 사람들 대다수는 철학 **내부**의 사람들 대다수가 바로 이 모델에 사로잡혀 있다고 생각한다. 이런 이유로 그들은 아주 자연스럽게 철학의 중심적 물음은 삶의 의미여야 한다고 가정한다. 이런 생각을 염두에 두고서 다음 상황을 상상해보자. 전문 철학자가 파티에서 낯선 사람을 만나 "그래서 무슨 일을 하시나요?"라는 질문을 받는다. 철학자가 답하자 그

1. 지아친토 브란디(Giacinto Brandi, 1621~1691), 〈철학의 알레고리〉

사람은 일순간 대담해져서, 또 달리 할말이 궁해서 "그런데 삶의 의미란 게 뭔가요?"라고 묻는다. 그러면 철학자는 잠시 초조하게 웃고 나서 불안한 마음에 대화 주제를 최대한 빨리 바꾸려 들거나, 어색한 미소를 지으며 학문적 철학 연구는 실은 그런 것들을 다루지 않는다고 설명하려 시도할 것이다. 그런데 이 상황이 내게 사회적으로 곤란한 것만큼이나, 나는 그 낯선 사람의 가정이 아주 정당하다고 생각한다. 다시 말해 철학이 삶의 의미라는 물음을 다루지 않는다면—이 물음에 반드시 답해야 하는 것은 아니지만, 적어도 이 물음을 붙잡고 씨름하지 않는다면—철학자들은 본업을 제대로 하고 있다고 말할 수가 없다.

내가 보기에 여기서 문제는 철학 외부 사람들보다는 철학 내부 사람들, 우리네 전문 철학자들이다. 우리 대다수는 철학이 삶의 의미라는 물음이나 좋고 행복한 삶의 성취라는 물음과 관련된다는 생각 자체를 일종의 농담으로, 더욱이 꽤나 저급한 농담으로 간주한다. 철학자들은 깔보듯이 '통속 심리학'이라 부르는 영역으로 그런 물음들을 밀쳐버린다. 대개 전문 철학은 계속 늘어나는 방대한 '마음, 몸, 정신' 관련 책들의 물결에, 당혹스럽게도 번화가의 서점들에서 갈수록 작아지는 철학 코너 근처에 줄지어 꽂혀 있는 밝은색 표지의 뉴에이지 책들에 이 영역을 선뜻 양보해왔다. 대체로 전문 철학은 그런 전투를 단념하고서 조기 퇴직하는 길을 택해왔다.

그런데 철학이 지혜와 관련이 없다고 하면, 대다수 전문 철학자들은 철학이 무엇과 관련이 있다고 보는가? 철학이 지식과 관련이 있다고 해보자. 무엇에 관한 지식과 관련이 있는가? 가장 넓게 보면, 철학은 사물들이 있는 그대로 어떠한가에 관한 지식과 관련이 있다고 말할 수 있다. 여기서 이해를 돕기 위해 지식(knowledge)에 해당하는 라틴어 낱말 스키엔티아(scientia)를 살펴보는 편이 좋겠다. 지식 문제, 즉 사물들이 있는 그대로 어떠한지를 아는 것은 과학적 문제다. 사물들이 있는 그대로 어떠하냐는 물음에 가장 신뢰할 만한 최선의 지식을 내놓는 것은 과학, 근대 자연과학이다. 왜 그런가? 자연과학은 가설에 대한 경험적 증거를 제시할 수 있고, 주장을 실증할 수 있기 때문이다. "예수 그리스도는 인류의 구세주다"라고 내가 말한다면, 그러고서 아무런 경험적 증거도 제시하지 않는다면, 내가 그 주장을 받아들일지 여부는 순전히 신앙의 문제다. 그러나 물이라는 물질의 특징은 수소 원자와 산소 원자의 비율이 언제나 2대 1이라는 것이라고 내가 말한다면, 나는 실험을 통해 이것이 사실임을 입증할 수 있다.

우리 모두가 날카롭게 의식하듯이 우리는 과학적 세계에서, 즉 주장을 뒷받침할 경험적 증거를 제시해야 하고 그러지 않으면 마땅히 주장을 거부당할 것으로 예상되는 세계에서 살고 있다. 17세기 초반 수십 년의 잉글랜드와 프랑스까지 거슬러올라가는 과학적 세계 파악은 우리가 사물들을 보는 방식을 지배하며, (이 점이 더욱 중요할 텐데) 사물들을 어떻게 볼 것이라고 우리가 **예상하는** 방식까지 지배한다. 우리는 극장의 관객들처럼 사물들을 보면서 그것들을 이론적으로 면밀히 살필 수 있을 것이라고 예상한다—극장 관객을 가리키는 희랍어 낱말은 테오로스(theoros)다. 사물들은 경험적·무매개적으로 주어지는 객체들로서 감각이나 표상의 형식으로 현전한다. 과학은 우리에게 그런 사물들의 본질에 관한 지식을 준다. 그럴 때 이 사물들은 '사실들'이라 불린다.

과학이 지배하는 세계에서 우리의 전문 철학자가 철학에 배정하는 역할은 무엇인가? 이 물음에 답하는 한 가지 방법은 지식/인식을 가리키는 희랍어 낱말 에피스테메(episteme)를 상기하는 것이다. 철학은 **인식론**(epistemology)이 된다. 다시 말해 철학은 우리가 아는 바를 우리가 **어떻게** 아는지, 그리고 무엇 덕분에 그런 앎이 타당한지에 관한 논리적·방법론적 물음들과 압도적으로 관련이 있다. 철학은 과학적 지식을 가능하게 하는 조건에 관한 이론적 탐구가 된다. 과학적 세계 파악에서 철학의 역할은 플라톤이 생각했던 만학의 여왕이라는 역할, 이론적 지식과 실천적 지혜를 통합하고 있던 역할에서 벗어난다. 오히려 철학은 존 로크(John Locke)가 『인간 오성론An

Essay Concerning Human Understanding』(1689)의 서두에서 말한 상투적 표현처럼 과학의 조수가 되어, 지식과 과학의 진보로 향하는 길 위에 깔린 쓰레기를 청소하는 일을 한다. 철학자들은 과학의 수정궁에서 일하는 관리인이 된다.

관리인 일이야 충분히 존중할 만하다 해도, 대체 지혜라는 물음은 어찌할 것인가? 여기서 문제는 과학이 굉장하다는 것이다. 과학은 우리에게 사물들이 존재하는 방식에 관한 더 참되고 더 나은 설명, 현대 철학자들이 '자연주의적 존재론'이라 부르기 좋아하는 것을 제공한다. 더욱이 과학의 협력자인 기술 덕분에 우리 삶은 고대 세계의 사람이라면, 실은 우리의 증조부모마저도 상상조차 못했을 만큼 송두리째 바뀌고 개선되었다. 그러므로 과학은 굉장할 뿐 아니라 실효적이기도 하다. 그런데 이런 변화에도 불구하고—혹은 이런 변화 때문에—지혜의 물음은 여전히 우리를 들볶고 있고, 우리가 더는 필요 없다고 여기는 맹장처럼 여전히 우리를 짜증나게 하고 있다.

문제는 이렇다. 과학적 세계 파악은 삶의 의미라는 물음에 답할 필요성을 뿌리 뽑는가? 지식이라는 신체는 지혜라는 맹장을 수술해서 제거할 것을 요구하는가? 특정한 극단적 견해에 따르면 그러하며, 일부 철학자들은 모든 물음은 경험적 탐구를 통해서 답할 수 있어야 하고 그렇지 않으면 그럴싸한 거짓 물음이니 답하기를 거부해야 한다고 주장할지도 모른다. 사정이 이러하니 일각에서는 다윈의 진화론을 통해 삶의 의미라는 물음에 인과적으로 또는 경험적으로 답할 수 있다고 주장할지도 모른다. 이 견해에 따르면 자연선택과 같은 특정한 인과적 가설에 근거하여 삶을 설명할 수 있다. 다시 말해 인간의 인지는 진화적 성향들의 결과물이라고 설명할 수 있다. 철학의 갈래 중에 심지어 '진화적 인식론'이라 불리는 것도 있다. 이 갈래는 첫째로 모든 철학적 물음을 인식론적 물음으로 환원하려 시도하고, 둘째로 그렇게 환원한 물음들은 모두 진화적 성향들을 참고하여 답해야 한다고 주장한다.

나는 지식과 지혜의 관계, 또는 과학적 탐구와 우리가 인문학적 탐구라고 부를 수 있는 것의 관계와 관련하여 덜 극단적인 견해를 취한다. 나는 삶의 의미라는 물음을 경험적 조사로 환원할 수 있다고 생각하지 않는다. 내 생각에 지식과 지혜 사이에는 간극이 있다. 이는 더 나은, 더 포괄적인 이론을 내놓아서 좁힐 수 있는 설명상의 간극이 아니라 도리어 느껴지는 간극이다. 설령 인식론적 걱정거리 전부를 과학적 탐구를 통해 경험적으로 해소한다 해도, 설령 어느 화창하고 아름다운 아침에 눈을 떠보니 그 걱정거리들이 싹 해결되어 있다 해도, 여전히 우리는 이것이 어쩐지 지혜의 문제와는, 인간의 좋은 삶이란 정확히 무엇인지를 아는 문제와는 무관하다고 느낄 것이다.

여기서 역설—일상에서 경험하는 이 거대한 역설을 우리는 제2장에서 니힐리즘의 역설이라는 이름으로 만날 것이다—은 과학적 세계 파악이 지식과 지혜의 간극을 좁히지 못하거니와, 도리어 우리로 하여금 그 간극을 한층 민감하게 느끼게 한다는 것이다. 나는 과학과 기술 면에서 고도로 발달한 사회들에서 이 역설을 가장 민감하게 느낀다는 쪽에 판돈을 걸기까지 할 것이다. 지식과 지혜의 간극이 심연처럼 넓어져 보이는 곳은 서구의 선진 사회들이다. 이런 의미에서 삶의 의미라는 사변적 물음은 사치와 풍요의 결과다. 아마 줄곧 이러했을 것이다—철학은 삶의 기본 요건이 충족된 뒤에야 비로소 생겨난다. 베르톨트 브레히트(Bertolt Brecht)의 말마따나 "음식 먼저, 그다음에 윤리학"이다. 이는 분명한 진실이다. 그러나 사람들에게는 묘한 구석이 있다. 당신이 그들에게 음식을, 그들이 먹을 수 있는 양보다도 많은 음식을 주고 나면, 당신이 그들에게 세속의 온갖 축복을 퍼붓고 나면, 그들은 스스로 새로운 비탄, 새로운 신경증과 병리, 더 나아가 그런 새로운 신경증과 병리에 대처하는 새로운 '과학'—정신분석학이든 심리치료든 아로마 요법이든 반사요법이든 뭐든—을 만들어낼 것이다. 이 역설의 힘이 실존적으로 느껴지기 시작하는 그때, 우리가 등한시한 삶의 의미라는 물음이 되돌아와 현실적이고도 무시무시한 앙갚음을 한다. "내가 필요로 하고 원하는 모든 것을 가진 듯한데 대체 내 삶의 의미는 뭐지?"

기묘하지만 전적으로 일상적인 이런 상황은 내가 보기에 '의미 간극'을 메우고 삶의 의미라는 물음에 답하려는 여러 부당한 시도들의 정당한 원천이다. 그런 시도는 여러 방식으로 할 수 있다. 전통 종교로 되돌아가거나 새 종교를 창시할 수도 있다. 앞뒤 가리지 않는 완강한 전통 종교와 다시 결합하곤 하는 정치적 권위주의(예컨대 세르비아 민족주의)를 통해 시도할 수도 있다. 혹은 비전(秘傳) 슈퍼마켓에서 현재 구할 수 있는, 의미 간극을 메우는 57가지 방법을 통해서, 이를테면 점성술, 요가, 수정을 손에 쥐고서 피라미드 아래 앉아 있기, 당신 내면의 아이 찾기 등을 통해 시도할 수도 있다. 이 작은 책의 끝부분에서 살펴볼 것처럼, 이것들은 **몽매주의**의 변종들이다. 설령 현대 철학의 잘못이 과학에 심취하다가 과학주의에 이르는 것이라 할지라도, 과학을 거부하다가 몽매주의에 이르는 것도 똑같이 잘못이다. 나의 결론부 주장들 중 하나는 현대 대륙철학 일부가 몽매주의에 빠질 위험이 있다는 것이다. 요컨대 현대 철학의 위험이 과학주의라면, 그 정반대 편에는 몽매주의가 있다. 존 스튜어트 밀의 표현을 빌리면 "한 학설은 인간을 짐승으로 만든다고, 다른 학설은 광인으로 만든다고 비난받는다".

요점을 되풀이해 말하자면, 고대 철학의 특징은 다른 무엇보다도 지식과 지혜을 동일시했다는 것, 또는 적어도 지식과 지혜를 통합하려 시도했다는 것이다. 고대 철학에 따르면, 사물들이 있는 그대로 어떠한가에 관한 지식은 인간의 삶에서 행위의 지혜로 이어질 것이었다. 지식과 지혜를 한데 묶은 고대인들은 우주 자체가 인간의 목표를 표현한다는 관념, 그러므로 자연에 관한 지식이 인간됨의 핵심적 의미라는 관념을 상정했다. 이런 견해는 '목적론적 우주관/세계관'이라 불리며, 이에 따르면 우주의 모든 사물은 아리스토텔레스가 말한 목적인(目的因)의 관점, 즉 사물은 자신의 목적을 실현하기 위해서 지금 그대로 존재한다고 보는 관점으로 설명할 수 있다. 이 견해에 입각하면 이론과 실천, 지식과 지혜, 인과적 설명과 실존적 이해 또는 의미를 절묘하게 통일할 수 있다. 예를 들어 자연을 신의 손길이 적는 살아 있는 책으로 볼 수 있다.

근대 세계 들어 17세기부터 현재까지 과학의 놀라운 진보는 이 통일성을 깨뜨렸다. 르네 데카르트(René Descartes)는 일찍이 1641년에 『제1철학에 관한 성찰Meditationes de prima philosophia』에서 "관습적인 목적인 찾기는 자연학에서 아무런 소용도 없다"라고 썼다. 우주는 인간의 목표를 전혀 표현하지 않고 그저 물리 법칙의 지배를 받는다. 우리는 물리 법칙을 알아내고자 최선을 다할 수 있지만, 그 법칙은 인간의 분투와 무관하다. 우주는 광대하고 차갑고 비인간적이고 기계적이다. 이런 이유로 블레즈 파스칼(Blaise Pascal)은 이처럼 변형된 세계관이 출현하던 1650년대 말에 "무한한 공간의 영원한 침묵은 나를 두려움으로 가득 채운다"라고 말했다. 코페르니쿠스와 갈릴레이의 무한한 열린 우주, 의미도 최종 목적도 없는 우주에 관한 **지식**은 우리가 **지혜**라는 물음에 주목할 때 순전한 불안을 불러일으킨다. **계몽주의**라고 알려진 역사적·정신적 경험의 한 가지 표현은 다음과 같다. 우리에게 남은 것은 지식의 영역과 지혜의 영역, 진리의 영역과 의미의 영역, 이론의 영역과 실천의 영역, 인과적 설명의 영역과 실존적 이해의 영역을 갈라놓는 경험적 간극이다. 막스 베버(Max Weber)가 약 250년 후에 표현한 대로, 과학혁명은 부정할 수 없는 진리로 **자연의 탈주술화**를 초래했다. 더이상 자연은 인간도 참여하는 어떤 '세계정신'의 가시적인 표현이 아니다. 오히려 자연은 순전히 비인격적인 객관적 '물질'로서 법칙의 지배를 받고, 인과적으로 설명할 수 있으나 인간의 의도와는 완전히 별개다.

사정이 이렇다면 우리 근대인들의 문제는 분명하다. 과학혁명이 초래한 자연의 탈주술화에 직면하여 우리는 지식과 지혜의 간극을 경험하고, 그 결과 우리 삶에서 의미를 빼앗기고 있다. 자연은, 실은 인간은 의미 간극을 줄이거나 아예 없애고 좋은 삶에 관한 납득할 만한 견해를 내놓는 방향으로 **재주술화**

될 수 있을까? 이 딜레마는 해결하기가 어려워 보인다. 한편으로 과학적 진리를 받아들인다면 철학이 과학주의에 희생될 것으로 보이며, 이 경우 우리는 짐승이 된다. 다른 한편으로 우주를 새롭게 인간화하는 방식으로 과학주의를 거부한다면 몽매주의에 이를 것으로 보이며, 이 경우 우리는 광인이 된다. 이 대안의 어느 쪽도 특별히 매력적이지 않다. 이 책의 말미에서 나는 중도(中道)를 제시하려 애쓸 것이다.

이런 논의가 대륙철학과 무슨 상관이 있는가? 여러분은 충분히 이렇게 물어볼 수 있다. 나의 주장은 한편으로는 우리를 짐승으로, 다른 한편으로는 광인으로 바꾸겠다고 위협하는 이 딜레마를 오늘날 철학이 철저하게 사유해야 한다는 것이다. 이 주장의 의미는 지혜라는 물음, 그리고 이와 연관된 삶의 의미라는 물음을 적어도 철학 활동의 중심 가까이로 이동시켜야 하고, 무관심하거나 당혹스러워하거나 심지어 경멸하는 태도로 이 물음들을 다루어서는 안 된다는 것이다. 내가 보기에 대륙철학이라 불리는 철학의 주된 호소력은 지식과 지혜, 철학적 진리와 실존적 의미를 통합하려고, 적어도 둘 사이의 거리를 좁히려고 시도한다는 데 있다. 이와 관련된 사례는 수두룩하다. 예를 들어 헤겔은 절대적 앎으로 고양되는 과정에서 본질적인, 생사를 건 인정 투쟁에 관해 사유했다. 니체는 신의 죽음과 가치를 재평가할 필요성에 관해 사유했다. 카를 마르크스(Karl Marx)는 자본주의 체제에서 살아가는 인간의 소외와, 사회를 해방하고 공평한 사회로 변혁할 필요성에 관해 사유했다. 지크문트 프로이트(Sigmund Freud)는 꿈과 농담, 말실수에 작용하는 무의식적 억압과, 정신생활의 중심에 자리잡은 비합리성을 드러내는 것에 관해 사유했다. 하이데거는 불안, 즉 인간을 무감각하게 만드는 비본래적 사회생활의 무관심과, 본래적 실존에 관해 사유했다. 장폴 사르트르(Jean-Paul Sartre)는 그릇된 신념과 구토, 인간 자유의 무용하지만 필요한 정열에 관해, 알베르 카뮈(Albert Camus)는 신의 죽음으로 인해 부조리해진 우주에서의 자살 문제에 관해 사유했다. 에마뉘엘 레비나스(Emmanuel Levinas)는 타자에 대한 우리의 무한한 책임에서 오는 트라우마에 관해 사유했다. 이 목록은 더 늘어날 수 있다.

다시 말해, 대륙철학의 호소력은 인간 실존의 기질과 세부에 더 가까워 보인다는 데 있다. 대륙철학은 인생의 드라마에, 인간의 희망과 두려움의 재료에, 우리의 육신에 닥치기 십상인 숱한 길흉화복에 더 진실한 것처럼 보인다. 물론 영미 철학이나 분석철학의 주류에서 이런 관심사들을 전혀 찾아볼 수 없다는 말은 아니다. 과학적으로 또는 자연주의적으로 파악하는 지식 문제가 분석철학 태반을 지배하고, 그로 인해 지혜 문제가 희생된다고 말하는 편이 공정할 것이다. 그러나 이런 식

2. 페데리코 주카리(Federico Zuccari, 1540~1609), 〈지혜〉

으로는 루트비히 비트겐슈타인(Ludwig Wittgenstein) 같은 인물을 설명하지 못할 것이다. 사상가로서 비트겐슈타인의 엄청난 호소력은 실존적 의미에 관한 특정한 개념과, 실은 특정한 삶의 방식과 철학적 진리가 결합하는 방식에 근거한다고 말할 수 있다. 다시 말해, 비트겐슈타인의 저술에 활기를 불어넣는 욕구는 치료하려는 욕구라고 말할 수 있다. 그러니 지식과 지혜 사이 간극에 다리를 놓으려는 시도는 분석철학과 대륙철학을 구별하는 충분조건이 아니라고 말해두자. 쟁점은 이것이 아니다. 이 책 전반에 걸친 나의 요지는 그 간극에 다리를 놓으려는 시도가 **모든** 철학함의 필요조건이어야 한다는 것이다.

제 2 장

대륙철학의 기원: 칸트에서 독일 관념론에 이른 경로

다음 몇 장의 과제는 대륙철학을 정의한 뒤 대륙철학의 독특하고 설득력 있는 측면을 드러내는 것이다. 나는 이 과제를 이중의 방식으로, 즉 역사적 방식과 체계적 방식으로 하고자 한다. 제2장과 제3장은 역사적 전개를 고찰하는 반면, 제4장은 대륙철학에 관한 더 논증적이고 체계적인 서술을 제시한다. 철학의 역사를 체계적이고 논증적으로 쓰겠다는 생각은 두 접근법을 통합한 헤겔의 걸작 『정신 현상학Phänomenologie des Geistes』(1807) 이래로 대륙 전통에서 아주 흔하게 나타났다. 이와 동일한 접근법을 사용한 사례를 우리는 현대의 저작에서, 이를테면 위르겐 하버마스(Jürgen Habermas)의 『인식과 관심Erkenntnis und Interesse』(1968), 미셸 푸코(Michel Foucault)

의 『광기의 역사Folie et Déraison』(1961), 자크 데리다(Jacques Derrida)의 『그라마톨로지De la grammatologie』(1967)에서 찾아볼 수 있다. 영미 전통에는 이런 사례가 훨씬 드물다.

후설인가 칸트인가? 대륙철학을 시작하는 두 가지 방법

대륙철학을 분석철학과 구별하는 두 가지 상이한 방법부터 살펴보자. 우리는 후설의 『논리 연구Logische Untersuchungen』—하이데거는 현상학이라 불리는 전통을 개시한 이 저작을 '돌파구'라고 불렀다—출간과 더불어 1900년 무렵부터 대륙철학의 역사를 시작하는 이 주제에 관한 책을 떠올릴 수 있다. 그런 접근법은 오늘날 분석철학과 대륙철학 사이의 분열(혹은 심연)이 본질적으로 보면 고틀로프 프레게(Gottlob Frege)의 혁명적인 논리철학과 언어철학에서 영감을 받은 전통들—이를테면 전기(前期) 비트겐슈타인, 빈 학단의 논리실증주의, 영미 언어철학—과, 대개 후설의 현상학과의 비판적 대면에서 유래한 전통들—이를테면 실존주의와 해체주의—사이의 분열이라는 것을 독자들에게 상기시킨다는 장점이 있다. 프레게와 후설 사이에는 유의미한 접촉이 있었으며, 1894년 프레게는 후설의 첫 저서인 『산술의 철학Philosophie der Arithmetik』(1891)에 대한 예리한 서평을 발표하여, 후설이 논리학과 심리학의

대륙철학이란 무엇인가?

대륙철학은 철학의 역사에서 1780년대 칸트의 비판철학 출간부터 시작하는 200년의 기간을 가리키는 이름이다. 대륙철학은 다음과 같은 핵심적 운동들로 이어졌다.

1. 독일 관념론과 낭만주의, 그 여파
   (피히테, 셸링, 헤겔, 슐레겔과 노발리스, 슐라이어마허, 쇼펜하우어)

2. 형이상학 비판과 '의심의 대가들'〔폴 리쾨르가 마르크스, 니체, 프로이트를 가리켜 한 말—옮긴이〕
   (포이어바흐, 마르크스, 니체, 프로이트, 베르크손)

3. 독일어권 현상학과 실존철학
   (후설, 막스 셸러, 카를 야스퍼스, 하이데거)

4. 프랑스 현상학, 헤겔주의, 반(反)헤겔주의
   (코제브, 사르트르, 메를로퐁티, 레비나스, 바타유, 보부아르)

5. 해석학
   (딜타이, 가다머, 리쾨르)

6. 서구 마르크스주의와 프랑크푸르트 학파
   (루카치, 벤야민, 호르크하이머, 아도르노, 마르쿠제, 하버마스)

7. 프랑스 구조주의(레비스트로스, 라캉, 알튀세르), 포스트구조주의(푸코, 데리다, 들뢰즈), 포스트모더니즘(리오타르, 보드리야르), 페미니즘(이리가레, 크리스테바)

관계에 대한 기존 견해를 극적으로 바꾸는 데 영향을 끼쳤다. 즉 프레게의 영향을 받은 후설은 전기와는 달리 논리학을 심리학으로 환원할 수 없다고 생각하게 되었다.

물론 겉보기에 갈라지는 듯한 분석철학 전통과 현상학 전통의 특이한 점은 중부 유럽의 공통 조상으로부터 파생되었다는 것이다. 그 조상이란 프라하를 근거지 삼아 활동한 철학자 베르나르트 볼차노(Bernard Bolzano)의 저술과, 빈 대학의 교수로 청년기 지크문트 프로이트를 가르치기도 한 프란츠 브렌타노(Franz Brentano)의 저술이다. 간단히 말해서 프레게와 후설이 볼차노로부터 취한 관념은 사유란 주관적 정신 경험이 아니라 분석 가능한 객관적 내용을 가진다는 것이다. 이에 반해 프란츠 브렌타노로부터 취한 관념은 지향성 테제, 즉 모든 사유는 세계의 대상들을 지향하지 일종의 의식의 보관함에 갇혀 있지 않는다는 테제다. 이 두 가지 관념은 회의주의와 상대주의, 그리고 이른바 '심리주의'—19세기 초에 독일에서 발전한 견해로, 모든 논리적·철학적 문제를 심리 기제로 환원할 수 있다고 주장했다—를 거부하도록 부채질했다. 프레게가 생각을 바꾸도록 설득하기 전까지 후설은 논리학과 산술에 관한 심리주의적 서술을 고수했다. 프레게의 언어철학과 후설의 현상학은 철학을 경험과학으로 환원하려는 어떠한 시도에도 단호히 반대한다는 점뿐만 아니라 심리주의를 비판한다는 점에서도 같은 입장이다. 따라서 이 서술에 따르면, 분석철학과 대륙철학은 동일한 역사적 시점에 독일어권 중부 유럽의 비슷한 지리적 원천에서 기원했고, 철학적 적을 공유한다. 철학자들 사이의 소통을 회복하려면 두 전통이 갈라진 역사적 · 개념적 지점으로 거슬러올라가는 수밖에 없다.

마이클 더밋(Michael Dummett)은 영향력 있는 1993년 저작 『분석철학의 기원Origins of Analytical Philosophy』에서 이 전략을 구사했다. 더밋은 철학의 과거를 더 분명하게 이해하는 작업이 현대 철학자들 사이에서 일종의 상호 이해를 위한 전제 조건이 되기를 바라는, 칭찬받아 마땅한 마음을 담아서 프레게 이래 분석철학의 역사를 상술한다. 더밋은 상황에 어울리는 엄숙한 어조로 현대의 상황을 기술한다.

> 나는 두 전통의 철학이 기본적으로 같다고 주장할 마음이 없다. 그런 말은 틀림없이 우스꽝스럽게 들릴 것이다. 소통을 회복하려면 분기점으로 되돌아가는 수밖에 없다. 오늘날 심연 건너편을 향해 소리쳐봐야 아무 소용도 없다. 분명 철학자들은 결코 합의에 이르지 못할 것이다. 그렇지만 그들이 더는 서로 대화하지 못하거나 서로를 이해하지 못하는 것은 애석한 일이다. 그런 이해는 달성하기가 어려운데, 사람들이 잘못된 방향으로 나아가고 있다고 생각하면 그들과 이야기하거나 구태여 그들의 견해를 비판

하고픈 욕구가 크지 않을 것이기 때문이다. 그러나 우리는 마치 우리가 서로 다른 주제를 다루는 듯한 지경에 이르렀다.

이처럼 현대 철학의 상황은 20세기 초엽 철학의 상황과 비교하면 극히 불리하다. 더밋은 이렇게 썼다.

프레게는 분석철학의 시조였고, 후설은 현상학파의 창시자였으며, 이 둘은 근본적으로 다른 철학 운동이었다. 그런데 가령 1903년이라면 양편의 작업을 다 아는 어떤 독일인 철학도에게는 두 운동이 어떻게 보였을까? 분명 철저히 대립하는 두 부류의 사상가들로 보이지는 않았을 것이다. 오히려 관심사는 조금 다를지라도 지향점은 눈에 띄게 가까운 사상가들로 보였을 것이다.

흥미롭게도 더밋은 뒤이어 프레게와 후설을 라인 강과 다뉴브 강에, 즉 "서로 퍽 가까운 곳에서 발원하여 한동안 거의 나란히 흘러가지만 결국 완전히 다른 방향으로 갈라지고 서로 다른 바다로 흘러드는" 두 강에 비유한다. 적어도 더밋에게는 분명 프레게의 라인 강이 사유의 올바른 경로이기는 하지만(반면 후설의 다뉴브 강은 대륙 전통의 관념론적인 흑해로 흘러든다), 이 두 강은 철학 전통들 사이의 구별선을 꽤나 멋지게 뒤흔드는 유익하고 도발적인 이미지다.

더밋의 전략은 설득력이 있으며, 나는 제6장에서 과학적 세계 파악과 해석학적 세계 파악 간의 분쟁을 논하는 가운데 이 전략을 암묵적으로 사용할 것이다. 즉 이 분쟁에서 파벌들 간의 상호 이해를 이루어내는 한 가지 방법은 분쟁의 철학적 근원을 찾아 하이데거와 카르나프의 교착 상태로까지 거슬러 올라가는 것이다. 그렇지만 우리가 대륙 전통 철학의 본질을 이해하고자 한다면, 앞에서 말했듯이 분석철학과 대륙철학에 공통으로 속한 마지막 위대한 인물이자 두 철학의 이별을 알린 인물인 칸트로부터 시작할 필요가 있다고 나는 생각한다—그리고 이것이 두 전통을 구별하는 두번째 방법이다. 우선, 후설이 아닌 칸트로부터 시작해야 하는 두 가지 단순한 이유가 있다. 첫째, 20세기 대륙철학의 전개는 19세기에 활동한 선배들, 특히 헤겔, 마르크스, 니체를 고려하지 않고는 대체로 이해할 수 없다. 특히 1930년대 이래 프랑스 철학의 경우가 그러한데, 이 시기 프랑스 철학을 일련의 복귀라는 관점에서, 즉 헤겔로의 복귀(알렉상드르 코제브Alexandre Kojève와 전기 장폴 사르트르), 니체로의 복귀(미셸 푸코와 질 들뢰즈Gilles Deleuze), 마르크스로의 복귀(루이 알튀세르Louis Althusser)라는 관점에서 기술해도 무리는 아닐 것이다. 둘째, 적어도 영국의 경우 학부생 강의요목에서 19세기 비영어권 철학사의 비중이 서글플 정도로 낮았다. 영국에서는 지금도 칸트부터 프레게에 이르는 독일어권 철학을 (설령 읽더라도) 많이 읽지 않고 철학 학위를 받는 것이 가능하다. 그러므로 이 간극을 메우려 애쓰는 작업은 여전히 필요하다.

칸트를 읽는 두 가지 방법

분석철학과 대륙철학의 차이는 대부분 그야말로 칸트를 어떻게 읽는지, 그리고 칸트를 얼마나 많이 읽는지에 달려 있다. 다시 말해 제1비판인 『순수이성 비판Kritik der reinen Vernunft』(1781)의 인식론적 쟁점들에만 몰두하는지, 아니면 제3비판인 『판단력 비판Kritik der Urteilskraft』(1790)에서 너욱 폭넓은 체계를 정립하려는 야심에 주목하는지에 달려 있다. 나는 이 생각을 조금 더 깊게 파고들고자 한다.

제1비판에 초점을 맞추는 사람은 보통 초월론적 연역이라는 논증의 성공에 관심을 둔다. 이 논증에서 칸트는 우리가 어떻게든 대상을 경험하려면 자신이 말하는 '오성의 범주들'의 작용을 전제해야 하고, 따라서 인식하는 인간의 주관, 즉 지각 경험의 '지독하게 윙윙거리는 혼동'〔blooming, buzzing confusion: 미국 심리학자 윌리엄 제임스의 표현—옮긴이〕을 개념 아래 통일하는 주관을 전제해야 한다는 것을 보여주려 한다. 요컨대 칸트가 말한 대로 "대상이 개념에 합치하는 것이지 개념이 대상에 합치하는 것이 아니다". 이런 칸트 독해에서 관건이 되는 문제는 칸트가 경험적 인식의 타당한 토대나 근거를 성공적으로 제시하는지, 그리고 데이비드 흄(David Hume)의 회의주의라는 도전에 성공적으로 대처하는지 여부일 것이다. 칸트에 따르면 흄은 우리가 회의적 도전을 진지하게 받아들인다면, 순간적인 감각과 인상에 근거하는 우리의 개념들이 과연 대상들 자체와 충분히 합치하여 인식을 낳아놓는 것인지를 결코 확신하지 못할 것임을 보여주었다. 이런 이유로 칸트는 흄이 자신을 '독단의 잠'에서 깨웠다고 주장했다. 이 회의주의에 대응하여 칸트는 우리가 물자체(Ding an sich)를 결코 인식할 수 없다 할지라도, 우리의 표상의 대상들은 우리의 개념들과 합치하고, 어떤 면에서 보면 그 개념들을 가지고도 충분히 인식할 수 있다고 주장함으로써 쟁점 전체의 방향을 돌려놓았다. 이 방향 전환을 일컬어 칸트는 철학에서의 '코페르니쿠스적 전회'라고 불렀다. 경험적 세계는 우리에게 참으로 현실적이지만, 우리가 그 세계를 어떻게 이해하는지 설명하려면 개념 아래 직관들을 통일하는 주관을 논리적으로, 또는 칸트의 용어를 사용하자면 '초월론적으로' 전제해야만 한다. 이렇게 해서 '초월론적 관념론'이라 불리는 테제, 칸트가 경험적 실재론과 모순되지 않는다고 생각한 테제를 거칠게 요약했다. 이 관점에 의거해서 읽으면 칸트는 인식론에, 아울

Immanuel Kant.

Geb. d. 22. Apr. 1724 zu Königsberg in Preußen, gest. d. 12. Febr. 1804 ebenda.

Der Königsberger Weltweise; Begründer einer neuen philosophischen Aera; voll tiefer Natur-Menschen- und Geschichtskenntniß. Er zieht in seiner „Kritik der reinen Vernunft" dieser ihre Grenze und beweist, daß metaphysisches Wissen, also jede Speculation über Wissensfreiheit Unsterblichkeit und Gott, unmöglich sei, gelangt aber zu diesen höchsten Ideen auf dem Gebiete der Sittlichkeit durch den praktischen Gebrauch der reinen Vernunft in Auffindung der ihr erfahrungsgemas zugänglichen Sittengesetze, und der Folgerungen daraus. In seinen Hauptwerken trocken und schwerverständlich, ist er in seinen sonstigen Schriften, wie es auch sein freier begeisteter Vertrag war, lebendig, voll Witz und Laune.

3. 이마누엘 칸트(1724~1804)의 초상(판화)

러 간접적으로 과학철학에 중대한 철학적 기여를 한 셈이 된다. 실제로 1890년부터 1920년대 말까지 독일과 프랑스의 강단 철학을 지배한 신칸트주의 학파는 십중팔구 칸트를 이렇게 읽었다. 근래까지 영미권에서 칸트를 수용하는 방식을 지배한 피터 스트로슨(Peter Strawson)을 비롯한 이들도 칸트를 인식론적으로 독해했다.

그렇지만 제3비판의 야심은 사뭇 다르다. 칸트는 판단 능력에 대한 비판을 통해 오성 능력(자연에 관한 인식에 관심을 두는 인식론의 영역)과 이성 능력(자유에 관심을 두는 윤리학의 영역) 사이에 다리를 놓으려 시도한다. 판단은 자연 영역과 자유 영역 사이에서 매개자가 될 것이고, 비판철학의 요소들을 하나의 체계로 조화시킬 것이다. 이 경로를 따라간다면, 칸트 철학의 뜨거운 쟁점은 순수이성과 실천이성의 관계, 자연과 자유의 관계의 타당성이 되거나, 이론과 실천의 통일이 된다. 앞으로 살펴볼 것처럼 독일 관념론에 속하는 피히테와 F. W. J. 셸링(Friedrich Wilhelm Joseph Schelling), 헤겔과 초기 독일 낭만주의에 속하는 프리드리히 슐레겔(Friedrich Schlegel)과 노발리스(Novalis)는 바로 이 경로를 따라갔다. 주장하건대, 이 시기부터 대륙철학은 줄곧 이 경로를 따라갔다.

칸트와 하만: 순수이성 비판과 그 순수성에 대한 메타비판의 필요성

우리가 어떻게 칸트에서 독일 관념론에 이르렀는지를 조금 더 자세히 설명하기 위해 칸트 이후 철학의 맥락 가운데 일부를 재구성해보겠다. 이성의 주권에 근거한 독일 계몽주의(Aufklärung)라는 전체 기획은 일종의 내부 붕괴를 겪었다. 무엇이 문제였는지는 간단히 기술할 수 있다. 이성의 주권의 요체는 이성이 우리의 모든 신념을 비판할 수 있다는 것이다. 칸트가 제1비판의 서문에 썼듯이

> 우리 시대는 비판의 시대이며, 이 비판에 우리의 모든 신념이 예속되어야 한다. 종교는 성스러움을 통해, 입법은 위엄을 통해 보통 비판을 면하고자 한다. 그러나 이런 식으로 종교와 입법은 정당한 의심을 자초하며, 이성이 자신의 자유롭고 공개적인 검증을 견뎌낼 수 있는 것에만 바쳐온 가식 없는 존경을 받을 권리를 주장할 수 없다.

그런데 이것이 사실이라면—이성이 모든 것을 비판할 수 있다면—이성은 당연히 그 자신 역시 비판해야만 한다. 그러므로 이성의 비판이 진정으로 유효하려면 그 비판을 비판하는 메타비판이 있어야만 한다. 이것이 요한 게오르크 하만

(Johann Georg Hamann)의 견해다. 하만은 초기에 칸트를 비판한 이들 중 가장 영향력이 있었고, 칸트와 똑같이 쾨니히스베르크의 주민이었으며, 독일 철학에서 아직까지도 아주 흔하게 쓰는 용어인 메타비판(Metakritik) 개념을 창안했다. 칸트가 계몽주의의 합리주의를 대표하고 옹호하려 했다면, 하만은 장차 질풍노도(Sturm und Drang) 및 초기 독일 낭만주의의 미학 운동과 문화 운동으로 꽃을 피울 반계몽주의의 대변자였다. 하만은 1758년에 실패로 끝난 런던 출장중에 우연히 흥미로운 동성애 사건을 경험한 뒤 극적으로 개종을 했다. 그러자 리가(Riga)에서 하만의 종전 고용주가 새사람이 된 이 종교적 열광자를 이성의 길로 되돌려놓기 위해 칸트를 고용했다. 그 이후 하만과 칸트의 관계는 일급 역사소설의 소재가 될 만한 이야기다.

그렇지만 나는 다른 길로 새야겠다. 하만은 1784년에 쓴 「이성의 순수주의에 대한 메타비판Metakritik über den Purismum der Vernunft」에서 형식주의를 이유로, 즉 인식의 형식적 성격을 과대평가한다는 이유로, 그리고 이성과 경험이, 선험적인 것과 후험적인 것이 분리될 수 있다고 믿는다는 이유로 칸트를 비판했다. 하만의 비판은 그의 친구이며 실은 오랫동안 한 집에서 생활한 프리드리히 하인리히 야코비(Friedrich Heinrich Jacobi)의 비판뿐 아니라 헤겔의 비판까지 예고하는 것이었다.

하만의 비판을 구체적으로 살펴보면 다음과 같다. 칸트의 비판철학은 일련의 잘못된 이원론(형식 대 내용, 감성 대 오성, 이성 대 경험, 자연 대 자유, 순수한 것 대 실천적인 것 등)으로 세분되며, 실천이성의 우위는 추상적 의무의 공허한 형식주의에 지나지 않는다. 하만은 후대에 전개된 철학적 국면인 언어적 전회까지 신통하게 예측이라도 한 듯이, 이성과 경험의 분리, 또는 형식과 내용의 분리는 불가능하며, 그 이유는 당연히 이성과 경험의 혼합물인 언어에 사유가 의존하기 때문이라고 말했다. 실제로 언어를 사용할 때 당신은 개념과 직관 사이의 정확히 어디에 구별선을 긋는가? 하만은 "사유하는 능력 전체가 언어에 의존할뿐더러…… 언어는 이성이 스스로를 오해하는 과정의 중심에 있기도 하다"고 쓴다.

따라서 이성이 모든 것을 비판해야 한다면, 이성에 대한 메타비판도 있어야만 한다. 그런데 그런 메타비판이 있다 할지라도, 그 비판이 회의주의, 근본적이고도 전면적인 회의주의가 되지 않도록 과연 무엇이 예방할 것인가? 프레더릭 바이저(Frederick Beiser)는 이렇게 말한다. "악몽이 아른거린다. 이성의 자기비판이 니힐리즘으로, 모든 것의 현존에 대한 의심으로 귀결되는 악몽이. 그 두려움은 계몽주의에 닥친 위기의 요체였다." 내가 앞으로 논증하려 애쓸 것처럼, 분석철학과 대륙철학을 니힐리즘 개념에 근거하여 구별하는 방법이 최선이

4. 요한 게오르크 하만(1730~1788)의 초상

다. 니힐리즘은 18세기 후반에 독일에서 일어난 두 차례의 엄청나게 중요한 분쟁에서 핵심 쟁점이었으며, 야코비는 두 분쟁—범신론 분쟁과 무신론 분쟁—에서 공히 중심에 있었다.

범신론 분쟁과 무신론 분쟁: 야코비의 관여

범신론 분쟁은 1785년 야코비의 『스피노자의 학설에 대한 서한Ueber die Lehre des Spinoza』 출간과 더불어 시작되었다. 이 저작은 스피노자주의에 관한 G. E. 레싱(Gotthold Ephraim Lessing)의 뒤늦은 충격적 고백과 관련하여 야코비가 모제스 멘델스존(Moses Mendelssohn)과 주고받은 편지를 엮은 책이다. 멘델스존, 칸트, 요한 헤르더(Johann Herder), 요한 볼프강 폰 괴테(Johann Wolfgang von Goethe), 하만을 포함해 당대 최고의 지성들 대다수가 이 분쟁에 관여했다. 이 분쟁 전까지 바뤼흐 스피노자(Baruch Spinoza)는 일종의 합리주의적 범신론자로, 혹은 더 나쁘게 악마적 무신론자로 희화되고 있었다. 범신론 분쟁은 급기야 노발리스가 스피노자를 '신에 취한 인간(Gott vertrunkene Mensch)'이라고 묘사하기에 이르렀던 이런 희화에 종지부를 찍는 부수적 결과를 가져왔지만, 성패가 걸린 진짜 쟁점은 희화가 아니었다. 야코비는 레싱이 스피노자주의를 고백한 사건을 이용해 아우프클레룽(Aufklärung), 즉 계몽주의에 대한 본능적 비판을 제기한다. 야코비의 요점은 첫째로 스피노자의 철학이 합리주의의 패러다임이라는 것, 더욱이 합리주의를 일관되게 고수할 경우 무신론으로 이어진다는 것이다. 따라서 계몽주의자 칸트의 주장과는 반대로, 이성은 종교적 믿음이나 도덕적 삶의 어떠한 기반이든 무너뜨리는 결과로 이어진다. 그렇다면 우리는 분명한, 더 정확히 말하면 냉혹한 선택을 내려야 한다고 야코비는 덧붙인다. 우리는 계몽주의의 이성적 무신론을 포용하든지 신앙의 비이성적 도약을 통해 그것을 거부하든지 둘 중 하나를 선택해야 한다. 야코비는 "이렇게 이성을 거부하는 것만큼 이성에 충실을 기하는 행위는 없다"라고 말한 파스칼을 읽고서 영감을 받았다. 파스칼은 이성을 올바로 행사하면 이성 너머에 있는 신앙의 영역을 인정할 수밖에 없는 지점에 이르게 된다고 보았다. 파스칼의 내기에 관한 야코비의 견해는 훗날 세속적 합리주의를 비판한 또다른 종교적 인물인 쇠렌 키르케고르(Søren Kierkegaard)에게도 결정적인 영향을 끼쳤다. 인간 존재의 많은 부분을 차지하는 비합리성에 비해 이성과 합리성의 위상이 어떠하냐는 물음은 대륙 전통에서 지금까지도 계속되는 의견 차이(일례로 1980년대 대부분과 1990년대 초기를 규정지은 모더니즘/포스트모더니즘 논쟁)의 중심에 놓인 논쟁거리다. 바이저는 다음과 같이 올바른 결론을 내린다. "이 논쟁이 대륙 전통 전체를 규정짓는 쟁점들 중 하나인 이성의 권위라는 문제를 설정했다고 말해도 과언이 아니다. 이른바 '포스트모던의 곤경'은 실제로 그때, 1786년에 시작되었다."

대륙철학의 경로를 결정한 다른 쟁점은 무신론 분쟁이다. 이 분쟁은 1798년에 시작해 1799년 피히테가 무신론 혐의를 받아 예나 대학의 철학 교수직에서 해임당하는 사건으로 이어졌다. 피히테와 오늘날 거의 알려지지 않은 인물인 프리드리히 C. 포르베르크(Friedrich C. Forberg)가 종교와 도덕의 위상에 관한 논문을 저널에 실은 이후, 1798년에 두 사람의 논문을 악의적으로 비방하는 다양한 익명 팸플릿들이 발표된 것이 이 분쟁의 발단이었다. 피히테 해임 이야기는 지저분하고 유감스러운 일로, 버트런드 러셀(Bertrand Russel)이 겪은 무신론 분쟁에 비견될 만하다. 1940년에 뉴욕에서는 러셀이 공언한 무신론과 자유로운 성도덕관을 이유로 그를 인격 살해하려는 운동이 벌어졌고, 이에 근거하여 그의 뉴욕 시립대 교수 임용이 저지되었다. 러셀 반대 운동을 주도한 진 케이(Jean Kay)의 변호사 조지프 골드스타인(Joseph Goldstein)은 러셀 경을 가리켜 "색을 밝히고, 성욕이 강하고, 음탕하고, 외설적이고, 색정광인데다가 최음제와 같고, 불손하고, 옹졸하고, 믿음직하지 못하고, 도덕심이 없다"라고 묘사했다. 그야말로 칭찬이 아닌가! 그러나 철학자들은 소크라테스의 시대부터 젊은

5. 프리드리히 하인리히 야코비(1743~1819)의 초상

이들의 도덕을 타락시킨다는 비난에 시달려왔다. 1790년대의 예나가 1940년대의 맨해튼과 정확히 같지는 않았지만, 이 시기 독일에서 예나가 지적 생활의 철학적 중심지요, 당대 최고의 지성들 다수(피히테, 슐레겔 형제, 노발리스, 셸링)의 본거지요, 초기 독일 낭만주의 또는 예나 낭만주의를 배태한 도가니였다는 사실에 유념해야 한다.

이 논쟁은 역사적으로 세세히 뜯어보면 흥미롭기도 하고 조금 우울하기도 하지만, 1799년 야코비가 『피히테에게 보내는 서한Jacobi an Fichte』으로 개입하고 나서야 철학적으로 중요해졌다. 이 텍스트에서 **니힐리즘** 개념이 철학적 의미로 처음 쓰였다. 야코비가 보기에 피히테식 관념론이라고 알려진 피히테의 입장은 간단히 말해 니힐리즘이다. 야코비가 이 용어로 의도한 바를 이해하려면 앞에서 약술한, 전통 형이상학에 대한 칸트의 비판이 수반한 논의 축소 효과를 고려해야 한다. 칸트는 이 비판을 통해 인간의 인식이 고전적 형이상학의 사변적 대상들(신, 영혼)에 접근할 수 있음을 부인했을 뿐 아니라, 물자체를 인식할 가능성과 자신이 자아의 '본체적' 근거라고 부른 것—현상으로 현전하지 않는 것—을 인식할 가능성을 둘 다 제거하기까지 했다. 야코비의 기본 테제는 칸트의 초월론적 관념론을 변경하는 피히테의 작업이 객관도 주관도 그 자체로 인식하지 못하는 빈약한 **자아주의**로 귀결된다는 것이다. 피히테의 입장이 니힐리즘적인 이유는 자아 외부에, 또는 자아와 별개로 존재하는 대상을 전혀 용납하지 않기 때문이다. 그러나 야코비가 보기에 그 자아는 '자유로운 상상력'의 산물에 지나지 않는다. 야코비는 다음과 같이 비범한 이의를 제기한다.

> 내가 가장 높은 곳에서 성찰할 수 있다면, 내가 관상할 수 있는 것은 나의 텅 비고 순수하고 벌거벗은 순전한 자아, 자율성과 자유를 가진 자아다. 그러고 나면 합리적 자기 관상, 합리성은 내게 저주가 된다—나는 나의 존재를 한탄한다.

야코비는 자신이 생각하는 피히테식 관념론의 일원론에 맞서 철학적 이원론의 한 형태를 주장한다. 이 이원론에 따르면 철학이 사로잡혀 있는 진리(die Wahrheit) 너머에 참된 것(das Wahre)의 영역, 신앙 혹은 가슴으로만 접근할 수 있는 영역이 있다. 파스칼의 데카르트 비판을 다시 한번 강하게 연상시키는 야코비의 피히테 비판은 기독교적 세계관에 입각하여 세속화하는 합리주의를 니힐리즘 혐의로 고발한다. 따라서 우리는 피히테식 관념론과 야코비식 이원론 사이에서 합리적으로 증명할 수 없고 다만 내기나 다름없는 실존적 선택을 내려야 한다. 피히테식 관념론은 자아의 투사물들에 관한 인식 말

6. 1801년 칸트가 자택에서 하만과 야코비를 비롯한 이들과 저녁식사 하는 모습을 상상한 회화. 에밀 되르스틀링(Emil Dörstling)의 작품

고는 아무런 인식도 제공하지 못하는 까닭에 니힐리즘적이다. 야코비는 자신의 이원론을 가리켜 자조적으로 '키메라주의(chimerism)'라고 말하는데, 신이 이성의 본질이라고 주장하면서도 이를 합리적으로 입증하지 못하기 때문이다. 야코비는 이렇게 결론짓는다.

> 그러나 인간에게는 그런 선택권, 무(無)와 신 중에 하나만 고를 수 있는 선택권이 있다. 무를 선택할 경우 인간은 스스로를 신으로 만든다. 즉 인간은 환영을 신으로 만드는데, 신이 없다면 인간과 그를 둘러싼 모든 것이 환영에 지나지 않기란 불가능하기 때문이다. 다시 말하겠다. 신이 나의 외부에 그 자체로 존재하는 살아 있는 존재든지 내가 신이든지 둘 중 하나다. 셋째 선택지는 없다.

신을 부정할 경우 우리는 인간을 신으로 바꾸어놓는 위험을 무릅쓰는 것이다. 다시 말해 칸트와 피히테의 관념론에는 인간을 무에서 유를 창조하는 신의 복제물로 바꾸어놓으라고 부추기는 프로메테우스적 유혹이 담겨 있다(여기서 메리 셸리Mary Shelley의 소설 『프랑켄슈타인Frankenstein』(1819)의 부제가 '근대의 프로메테우스'임을 상기해볼 만하다. 이 소설에서 괴물은 계몽주의의 과학적 합리주의를 집요하게 괴롭힌다).

대륙 전통에서 이런 사유가 끼친 영향을 일부 보여주기 위해 추가로 두 가지 사례를 들겠다. 니힐리즘이 칸트 이전 세계관에서 견고했던 모든 것이 흔적도 없이 사라지는 철학적 자아주의에 대한 고발이라면, 우리는 마르크스와 프리드리히 엥겔스(Friedrich Engels)가 『독일 이데올로기Die Deutsche Ideologie』(1846)에서 길고도 혹독하게 비판한 막스 슈티르너(Max Stirner)의 비범한 저작 『유일자와 그 소유Der Einzige und sein Eigentum』(1844)에서, 자아주의에 입각하여 야코비의 비판이 옳다는 것을 보여주는 기이한 사례를 발견할 수 있다. 야코비가 니힐리즘이라고 폄하한 것을 슈티르너는 아나키스트적 입장에서 개인의 해방이라고 찬양한다. 내가 무일지라도 "나는 공(空)이라는 의미의 무가 아니라 창조적 무이며, 그 무로부터 나 자신은 창조자로서 만물을 창조한다"라고 슈티르너는 주장한다. 슈티르너는 헤겔과 루트비히 포이어바흐(Ludwig Feuerbach)의 종교 비판이 여전히 종교적 사고방식과 치명적으로 뒤얽혀 있음을 보여주려 시도했으나, 본래 의도와는 달리 '인간이란 무엇인가?'라는 물음에 답하다가 인간을 신의 복제물로 바꾸어놓기에 이르렀다. 슈티르너에 따르면 인간은 스스로에 기인하는 원인, 중세 신학의 자기원인(causa sui)이 된다. 슈티르너의 주장은 한 세기 후에 사르트르의 실존주의와 묘하게 공명했는데, 사르트르에 따르면 신이 없는 니힐리즘적 세계에서 인간들은 신 같아지려는 정열적 자유를 가지고 있다. 이런 이유로 사르트르는 『존재와 무L'Être et le Néant』에서 "인간은 무용한 정열이다"라고 결론지었다.

파스칼의 내기에 대한 야코비의 견해와 공명하는 사례는 표도르 도스토옙스키가 소설 『악령』(1871)에서 묘사한 니힐리스트 키릴로프에게서도 발견할 수 있다.

> 지고의 자유를 원하는 사람은 모두 감히 자신을 죽이려 해야 합니다. 감히 자살하려는 사람은 기만의 비밀을 알게 된 것입니다. 그 너머에는 자유가 없습니다. 그게 전부이고, 그 너머에는 아무것도 없습니다. 감히 자신을 죽이려는 사람은 신입니다. 이제 모든 사람은 신이 존재하지 않게, 아무것도 존재하지 않게 할 수 있습니다. 그러나 아직까지 아무도 그렇게 하지 않았습니다.

이런 입장을 가리켜 도스토옙스키는 '논리적 자살'이라 말한다. 다시 말해 그가 일기에 썼듯이, 인간이 스스로를 가축의 수준 이상으로 고양하고 나면 인간 존재의 '기본적'이고 '가장 고매하고' 가장 '숭고한' 관념, 즉 영혼의 불멸에 대한 믿음이 절대적으로 필요해진다. 이 믿음이 깨지고 나면(도스토옙스키는 1860년대 러시아 교양계층의 니힐리즘이나 종교 무차별주의에서 이 믿음이 깨졌다고 보았다) 유일한 논리적 결론은 자살이다. 이런 이유로 영혼 불멸에 대한 믿음을 상실한 키릴로프는 사람들이 자살하지 않는 이유들을 조사하는 책을 쓰려 한다.

지금까지 살펴본 대로 우리는 하만과 야코비의 칸트 비판에서 시작해 키르케고르와 슈티르너, 도스토옙스키의 종교적인, 실은 비종교적인 반(反)합리주의를 거쳐 사르트르와 카뮈의 전후 프랑스 실존주의에 이르는 경로가 대륙 전통에 있다고 말할 수 있다.

칸트의 이원론 통일하기

1780년대와 1790년대에 칸트 철학에 대한 비판들이 함께 작용한 결과, 이성에 대한 계몽주의적 신념은 어느 때보다도 미심쩍어 보였다. 바이저의 말마따나 "칸트는 나락을 향해 가는 이성의 자기 파괴적 행진을 저지하기는커녕 선동하고 있었다". 칸트에 관한 이런 견해가 과연 철학적으로 정당화되느냐는 것은 분명히 다른 쟁점이다. 요점은 대륙철학 전통을 규정하는 일련의 논쟁들 전체가 이 지점에서 출발한다는 것이며, 나의 주장은 이에 근거하여 대륙철학을 이해해야 한다는 것이다.

이번 장을 마치기 전에 칸트의 이전 논증을 되짚어보자. 그 논증에서 칸트는 통일을 필요로 하는 일련의 이원론들을 남

7. 겨자를 섞는 칸트. 프리드리히 하게만(Friedrich Hagemann)의 소묘(1801)

겨두었다. 이것은 칸트가 자신에 대한 최고의 비판자로 여긴 철학자 살로몬 마이몬(Salomon Maimon)이 이의를 제기한 이유들 중 하나다. 마이몬의 비판은 1790년 『초월론적 철학에 관한 시론Versuch über die Transzendentalphilosophie』으로 출간되었다. 마이몬의 중심 논증은 초월론적 관념론의 핵심에 자리한 칸트의 오성과 감성 이원론이 너무도 철두철미한 이원론인 까닭에, 선험적 개념과 경험적 직관이 상호작용할 가능성을 차단한다는 것이다. 이는 초월론적 연역 논증이 바로 칸트가 그 연역을 수행하기 위해 상정하는 이원론 때문에 타당성을 잃는다는 것을 의미한다. 일부 대륙철학자들은 이를 가리켜 '수행적 자기모순'이라 부르기를 좋아한다.

여기서 짚어야 할 중요한 점은 마이몬의 비판이 칸트 이후 철학의 분위기를 어떻게 조성했느냐는 것이다. 칸트 체계의 자기 파괴적인 이원론들을 어떻게 극복할 것인가? 필요한 것은 이런 비판에 영향받지 않을 어떤 상위의 통일 원리였다. 피히테 철학과 독일 관념론은 이 물음과 더불어 시작되었다. 피히테는 이 통일 원리를 주관의 활동 안에 위치시켰다. 이론과 실천의 이원론은 주관의 자기반성 안에서, 자유에 관한 주관의 의식 안에서 통일되었다. 이것이 피히테가 유명한 저작 『전체 지식학의 기초Grundlage der gesamten Wissenschaftslehre』(1794)에서 탐구한 견해였다. 이와 반대로 청년기 셸링이 자신의 초기 자연철학에서 표현한 통일 원리는 힘 또는 생명 개념이었다. 통일 원리는 헤겔에게는 정신 개념이었고, 아르투어 쇼펜하우어(Arthur Schopenhauer)에게는 의지 개념이었으며, 니체에게는 힘, 마르크스에게는 실천, 프로이트에게는 무의식, 하이데거에게는 존재였다. 이 목록은 늘어날 수 있다. 여기서 요점은 대륙철학의 문제들이 칸트에 대한 이런 비판들에서 비롯되었고, 이런 맥락에서 그 문제들을 이해해야 한다는 것이다.

제 3 장

안경과 눈: 철학의 두 문화

분석철학과 대륙철학의 구별에 중대한 문제들이 있다는 것은 굳이 천재가 아니라도 알아챌 것이다. 대륙철학은 다분히 절충적이고 이질적인 일련의 지적 흐름들이라서 하나의 통일된 전통이라고는 도저히 말할 수 없다. 그런 통일된 전통으로서의 대륙철학은 **발명품**, 더 정확히 말하면 영미 학계를 유럽 대륙에 **투영한 결과물**이며, 유럽 대륙은 그런 명칭의 정당성을 인정하지 않을 것이다—프랑스 파리에서 대륙식 아침식사(Continental breakfast)를 요청하는 상황과 얼추 비슷하다.

그렇지만 대륙철학 개념을 액면 그대로 지리적 범주로 받아들인다 해도 다른 문제들이 발생한다. 프레게와 카르나프처럼 대륙 출신이지만 대륙철학자로 여겨지지 않는 철학자들도 있고, 대륙 외부 출신이지만 대륙철학자로 여겨지는 철학자들도 있다. 또한 지리를 세세하게 따지다보면 문제가 혼란스러워질 수 있다. 일례로 더밋은 '영미권'이라는 용어('대륙'보다 별반 나을 것 없는 다른 지명)가 이제껏 득보다 실이 많았다고 주장하는데, 분석철학이 독일어권에서 기원한 사실을 이 용어가 감추기 때문이다. 더밋은 다소 짓궂지만 정확하게 '영오권(Anglo-Austrian)'이라는 용어를 대안으로 제안한다.

분석철학과 대륙철학의 구별에 대한 더욱 폭넓은 반론은 버나드 윌리엄스(Bernard Williams)가 제기했다. 그는 마치 자동차를 전륜구동과 일본산으로 분류하는 것처럼 이 구별의 밑바탕에 지리적 용어와 방법론적 용어의 혼동이 있다고 주장했다. 대개 분석철학이 옥스퍼드나 프린스턴 같은 특정한 장소들과 강하게 연관된다 할지라도, 분석철학은 철학함의 특정한 방법, 논증과 명료함, 엄격함의 특정한 기준에 충실을 기하는 철학을 의미하는 반면에 대륙철학은 방법론과 무관하게 특정한 장소에 충실을 기하는 철학을 의미하는 것처럼 보일 것이다. 따라서 윌리엄스가 보기에 분석철학과 대륙철학을 구별하는 것은 곧 그 둘을 방법론적 범주와 지리적 범주를 혼동하여 비교하는 것이다.

그렇지만 두 철학의 대립을 가리키는 용어들을 엄격하게 지리적 범주들(영미 대 대륙)이나 방법론적 범주들(분석 대 현상)로 재설정한다 해도 혼동을 바로잡지는 못할 것이다. 이 대립을 지리적으로 재설정한다면 문제가 더욱 혼탁해질 텐데, 그럴 경우 영국과 북아메리카, 오스트랄라시아의 철학이 그 정의상 비대륙적이었다는 암시와 분석철학의 창시자(프레게)와 최고의 대표(비트겐슈타인)가 전적으로 대륙철학자였다는 암시를 그릇되게 함축할 것이기 때문이다. 이 대립을 방법론적으로 재설정한다면 다음과 같은 사실에 대한 설명을 거의 시작조차 못할 것이다. 그 사실이란 구별선의 한편에는 전통적 형식의 철학적 분석('포스트 분석철학'에 대한 근래의 온갖 이야기는 말할 것도 없고)에 종사한다고 말할 만한 철학자가 극히 소수이고, 반대편에는 헤겔과 키르케고르, 프로이트와 마르틴 부버(Martin Buber), 하이데거와 테오도어 아도르노(Theodor Adorno), 자크 라캉(Jacques Lacan)과 들뢰즈처럼 방법론으로 보나 주제로 보나 대립하는 사상가들이 내놓은 다양한 성과를 다루기 시작할 범주마저 없다는 것이다.

철학 학파들과 학설들을 갈라놓는 어떤 구별선이든 회의적으로 본다는 점에서 윌리엄스는 옳은데, 철학 자체의 정체성에 관해 더 깊고도 흥미롭게 논쟁할 가능성을 그런 구별선이 못 보게 가리고 무력화하기 때문이다. 분명 윌리엄스는 분석철학이 주로 '숙련공다운 정직함'이라는 다소 남성적인 덕목으로 철학의 정체성을 가장 잘 대변한다고 생각하며, 이 견해의 근거는 자연과학의 절차와 철학 사이에 있다는 상당히 의심스러운 유사성이다. 그렇다 해도 그의 비판은 분명히 일리가 있으며, 나는 이 책의 결론부에서 이 주제를 다시 살펴볼 것이다. 철학이 양분되었다고 여기고서 둘 중 어느 한쪽과 스스로를 동일시하는 입장에는 궁극적으로 편협하고 지적으로 소심한 면이 있는데, 자신의 전문 영역이라는 참호 밖에서의 대화가 초래할 수도 있는 지적인 도전을 사전에 차단하기 때문이다.

좀체 사라지지 않는 몇 가지 고정관념

그렇지만 분석철학과 대륙철학을 구별하는 구도에서 좀체 사라지지 않는 몇 가지 문화적 고정관념을 진단하고 몰아내려 시도해보지도 않은 채 이 구별을 그저 밀어 치워서는 안 된다. 철학의 전문 영역이라는 참호가 존속하는 이유를 밝히기 위해 이제 몇 가지 사례를 선택해 살펴보려 한다.

스탠리 로젠(Stanley Rosen)은 한껏 조롱하는 어조로, 분석철학과 대륙철학의 차이를 표현하는 정형화된 방식을 다음처럼 솜씨 좋게 요약한다. “정확성, 개념적 명확성, 체계적 엄격성은 분석철학의 속성인 반면에 대륙인들은 사변적 형이상학이나 문화해석학에, 그렇지 않으면 각자 어느 쪽에 동조하느냐에 따라 부질없는 공상과 돈강법〔頓降法: 점차로 끌어올린 장중한 어조를 갑자기 익살스럽게 떨어뜨리는 것—옮긴이〕에 빠져든다." 내가 염려하는 바는 언론에서 벌어지는 논쟁과 분별력을 더 갖추어야 할 일부 전문 철학자들의 발언 때문에 이런 고정관념들이 굳어져만 간다는 것이다. 후자의 사례로는 1992년 케임브리지 대학에서 자크 데리다에게 명예 박사학위를 수여하려 하자 이 대학의 몇몇 저명한 구성원들이 그에 반대한 데리다 사건만 들어도 충분할 것이다. 표결에서 학위 수여에 반대한 쪽이 패한 이튿날, 영국의 한 고급 신문〔『인디펜던트』—옮긴이〕은 제1면 표제를 이렇게 달았다. "인지적 니힐리즘, 영국 도시를 강타하다".

그러나 분석 전통과 대륙 전통을 갈라놓는 심연을 가장 간명하게 표현한 발언은 1960년 프랑스에서 열린 분석철학 학회에서 나왔다. 여기서 길버트 라일(Gilbert Ryle)이 논문을 발표한 뒤 격하고 악명 높은 토론이 이어지는 와중에 모리스 메를로퐁티(Maurice Merleau-Ponty)가 "우리의 프로그램이 같은 것 아닌가요?(notre programme n'est-il pas le même?)"라고 묻자 라일이 "그렇지 않기를 바랍니다(J'espère que non)"라고 답했다. 자신이 생각하는 대륙의 이국정서에 직면하여 발언한 이 "그렇지 않기를 바랍니다", 이 확고부동한 "아니요"는 철학에 발붙이지 못하게 몰아내야 할 이데올로기적 선입견을 훤히 드러낸다. 자크 들로르(Jacques Delors)의 유럽연합 계획을 듣고서 대처 남작이 말한 이 "아니요. 아니요. 아니요"는 1990년 그녀의 정치적 몰락의 발단이었다. 여기서 역설적인 점은 청년기 라일이 현상학의 지지자로서 경력을 시작했고, 그가 처음 발표한 글이 1930년 『마인드Mind』지에 실린, 하이데거의 『존재와 시간Sein und Zeit』에 대한 놀랍도록 철저한 서평이었으며, 1930년대에 옥스퍼드에서 볼차노, 브렌타노, 프레게, 마이농, 후설에 관해 폭넓게 강의했다는 것이다. 더밋이 절제된 어조로 말한 대로 "그 저자들에 관한 그의 지식이 출간물로 거의 보존되지 않았다는 것, 아울러 내가 아는 한 그가 그들로부터 배운 지식 가운데 그의 후기 저술까지 살아남은 것이 거의 없었다는 것은 참으로 안타까운 일이다".

A. J. 에이어(Alfred Jules Ayer)가 자서전에서 회상한 메를로퐁티와의 일화는 분석철학자들과 대륙철학자들 사이에 놓인 심연을 생생하게 입증한다.

> 메를로퐁티와 내가 논의에 필요한 어떤 합의점을 찾았을 거라고 기대할지도 모르겠다. 실제로 우리는 수차례 합의점을 찾으려 시도했으나 논의를 궤도에 올리기도 전에 번번이 둘 다 양보할 의향이 없는 원리의 어떤 점을 둘러싸고 언쟁을 벌이기 시작했다. 이런 논쟁이 곧잘 험악해지곤 해서, 우리는 논쟁을 단념하고 그

래도 충분히 대화할 여지가 있는 순전히 사교적인 층위에서 만나자는 데 암묵적으로 합의했다.

앞에서 더밋이 말한 심연 건너편으로 소리치는 상황과 얼추 비슷해 보인다. 역시 에이어와 관련된 또다른 사례는 더욱 흥미롭고 곧이곧대로 믿기가 조금 어려워 보이기까지 한다. 이 사례는 대륙사상가들 중에 가장 과도한 사상가일 듯한 조르주 바타유(Georges Bataille)—반(反)철학자, 비인식자, 반신학자, 에로티시스트—와 에이어의 만남과 관련이 있다. 그들은 1951년 파리의 어느 바에서 메를로퐁티와 함께 만났다. 겉보기에 토론은 새벽 세시까지 이어졌고, 토론 주제는 아주 단순했다. 바로 '인간이 존재하기 이전에 태양이 존재했는가?'였다. 에이어는 태양이 인간 이전부터 존재했음을 의심할 이유가 없다고 생각한 반면에 바타유는 이 명제 전체가 무의미하다고 생각했다. 에이어처럼 과학적 세계관에 충실한 철학자가 보기에는 인류의 진화 이전부터 태양과 같은 물리적 대상들이 존재했다고 말하는 편이 이치에 맞다. 이에 반해 현상학에 더 정통한 바타유가 보기에는 물리적 대상이 존재한다고 말할 수 있으려면 인간 주관의 입장에서 그 대상을 인식해야만 한다. 따라서 그 명제를 가정한 순간에 인간이 존재하지 않았다면, 태양이 인간 이전부터 존재했다는 주장은 이치에 맞지 않는다. 바타유는 이렇게 결론짓는다.

> 어제 대화가 충격을 남겼다고 말해야겠다. 프랑스 철학자와 영국 철학자 사이에는 우리가 프랑스 철학자와 독일 철학자 사이에서 발견하지 못하는 일종의 심연이 존재한다.

지금까지도 좀체 사라지지 않는 대륙철학에 대한 선입견을 잘 보여주는 사례로서, 앤서니 퀸튼(Anthony Quinton) 경이 그리 오래지 않은 1995년에 『옥스퍼드 철학 안내서Oxford Companion to Philosophy』에 기고한, 분석철학과 대륙철학에 관한 한 쌍의 글을 들 수 있겠다. 분석철학에 관한 퀸튼의 글은 지나치게 간략한 탓에 전후에 이 분야에서 이루어진 발전상을 알기에 별반 유용하지 않지만, 그래도 논리적 원자론과 논리실증주의를 공정하게 요약하고 있다. 퀸튼은 분석철학자 힐러리 퍼트넘(Hilary Putnam)과 로버트 노직(Robert Nozick)에 관해 말하면서 끝을 맺는다. "그들은 둘 다 합리적인 믿음의 전형으로서 과학을 존중하는 분석적 정신에 따라 사유하고 저술하며, 이 정신의 논증적 엄격성, 명확성, 객관성을 지키겠다는 결심에 충실을 기한다." 그렇지만 객관성을 지키겠다는 이 동일한 결심이 대륙철학에 관한 퀸튼의 글에서는 나타나지 않는다. 아주 타당하게도, 퀸튼은 글의 도입부에서 현재

통용되는 대륙철학의 의미가 제2차세계대전 이후 영국에서 얼마나 최근에야 덧붙여진 의미인지를 올바로 지적한다. 또한 유익하게도 그는 라틴 세계의 중세와 르네상스 시대를 특징짓는 철학적 노력의 통일성에 관해 논평하고, 계몽주의 시대에 들어서도 한참 동안이나 영국 철학자들과 대륙철학자들이 감탄스러울 만큼 문제없이 대화했다는 사실, 예를 들어 로크가 데카르트와 가상디(Pierre Gassendi), 말브랑슈(Nicolas Malebranche)의 독자였고, 흄이 피에르 벨(Pierre Bayle)을 읽고 루소를 알았으며, 밀이 콩트를 연구했다는 등의 사실을 지적한다. 여기까지는 아주 좋다. 그렇지만 퀸튼은 더 나아가 "두 철학 세계 사이에는 인지 가능한 수렴 현상이 정말로 없다"라고 주장하고, (물론 의도한 것은 아니겠지만) 마치 자신의 논점을 증명이라도 하듯이 실존주의, 구조주의, 비판이론을 사뭇 충격적으로 요약한다. 먼저 실존주의는 현상학을 충분히 언급하지도 않은 채 "일관된 합리적 논증보다는 드라마 같은, 심지어 멜로드라마 같은 발화에" 의존한다는 이유로 거부한다. 그리고 구조주의에 대해서는 "푸코에서 정점을 찍고서 데리다에 이르러 스스로를 초월하여 지적인 우주의 외계로 날아올랐다"라고 말한다. 셋째의 비판이론은 어리둥절하게도 다음과 같은 말로 해치운다. "비판이론가들의 명백한 정치적 의도는 중립성에 충실을 기하는 분석철학자들 쪽의 관심을 차단했다." 이런 논평들이 앞에서 언급한 엄격성, 명확성, 객관성을 지키겠다는 결심 같은 덕목들에 더해 중립성에 충실을 기하는 태도까지 보여준다고 말할 수 있다면, 퀸튼이 두 철학 세계 사이에 수렴 가능한 지점이 없다고 믿는 것도 아주 당연한 일일 것이다. 그러나 말할 나위도 없이 그런 발언들은 부정확할 뿐 아니라, 지적으로 편협하고 극히 해로운 문화적 고정관념들을 영속화하는 데 이바지할 뿐이다.

대륙철학: 선문적 사기기술과 문화적 특징

그렇다면 우리는 분석철학과 그 철학자들 그리고 대륙철학과 그 철학자들 사이의 이 심연을 어떻게 설명해야 할까? 형용사 '콘티넨털'[Continental: 유럽 대륙의, 대륙식, 대륙성 등의 의미가 있다—옮긴이]을 보고서 적어도 영국 독자라면 이 형용사의 다른 용법들, 예컨대 '대륙식 아침식사(Continental breakfast)'나 내 어머니가 즐겨 쓰는 표현인 '대륙식 퀼트(Continental quilt)' 등을 연상할 것이다. 말하자면 이 품사는 특정한 장소에서, 즉 유럽 대륙에서 발견되는 무언가를 가리키는 지리적 용어 또는 지명이다. 우리는 이 형용사를 붙여서 대륙적인 것과 대륙적이지 않은 것을 구별할 수 있는데, 영국인의 시각에서 보면 대개 이런 구별은 영국적인 것과 대륙적인 것의 대립으로 굳어질 위험을 무릅쓰는 것이다. 이 대립에서 후자는 외래적이고 이국적이고 생소한 것으로, 전자는 재래적이고 향토적이고 익숙한 것으로 규정된다. 그런 까닭에 '대륙적'이라는 개념은 다루기 곤란해 보이고 솔직히 말하면 꽤나 성가신 정치지리학의 쟁점, 즉 영국이 대륙으로부터 단절된 것이냐 아니면 대륙이 영국으로부터 단절된 것이냐는 문제를 함축한다(악명 높은 신문의 표제인 "영국 해협에 안개, 대륙 단절되다"를 떠올려보라).

이제 대륙철학의 역사적 의미에 관한 두 가지 주장을 펼치고자 한다. 첫째, 대륙철학은 본질적으로 **전문적 자기기술**self-description이다. 다시 말해 대륙철학은 철학자들과 철학과들이 자기네 연구와 강의를 조직하고 지적 충성을 나타내는 방법이다. 이런 의미에서 대륙철학은 철학 전문직화의 일면이다. 이처럼 제한된 의미의 대륙철학 개념은 근래에 생긴 신조어다. 전문적 자기기술로서의 대륙철학 개념이 정확히 무엇에서 기원했느냐는 물음에 대한 합의가 없기는 하지만, 1970년대 이전에는 철학의 학부 과정과 대학원 과정을 기술하는 개념으로 쓰이지 않았다. 이런 일은 분명 영국에 앞서 미국에서 일어났으며, 영국에서는 1980년대 초에 에식스 대학과 워릭 대학에서 처음으로 대륙철학 대학원 과정을 개설했다. 미국이라는 맥락에서, 아울러 정도는 덜하지만 영국에서, '대륙철학'은 기존 용어들인 '현상학'이나 '현상학과 실존철학'을 대체했다. 이 용어들은 영어권에서 대륙철학과 가장 밀접하게 연관된 전문 협회들, 이를테면 1962년 창설된 현상학 실존철학 협회(Society for Phenomenology and Existential Philosophy)와 1967년 창설된 영국 현상학 협회(British Society for Phenomenology)의 이름에 남아 있다. 그렇다면 전후(戰後) 시기에 대륙철학은 넓게 보아 현상학과 동의어로 보였을 것이며, 이 사실은 1960년대에 미국에서 출간된 몇몇 입문서의 제목—예컨대 『현상학으로의 초대An Invitation to Phenomenology』(1965)와 『미국의 현상학Phenomenology in America』(1967)—에도 반영되어 있다. 어쩌면 1983년에 출간된 『미국의 대륙철학Continental Philosophy in America』은 후자의 제목을 모방하고 변형한 것인지도 모른다. '현상학'이 '대륙철학'으로 대체된 이유가 완전히 분명한 것은 아니지만, 대륙철학은 프랑스어권의 다양한 이른바 포스트구조주의적 사상 운동들을 다루기 위해 도입된 것으로 보인다. 이 운동들은 갈수록 현상학에서 멀어졌고 대개 현상학에 적대적이었는데, 상대적으로 자크 라캉, 데리다, 장프랑수아 리오타르(Jean-Francois Lyotard)는 적대감이 약했고, 질 들뢰즈와 미셸 푸코는 적대감이 강했다.

분석철학과 대륙철학이 사실상 분열 상태라는 것은 이를테면 '대륙주의자'이기를 요구하는 직무기술서와 같은 갖가지

8. 페테르 파울 루벤스(1577~1640), 〈네 철학자〉

철학적 부수현상에서, 출판사들이 보통 뒤쪽에 대륙철학 관련 특집 면을 할당하는 카탈로그에서 확인할 수 있다. 존 설(John Searle)이 흡족하다는 듯이 단언한 대로, 영어권에서 분석철학은 거의 완전한 전문적 패권을 쥐고 있으며, 현상학 같은 비분석철학은 이 패권과의 관계에서 자신의 위치를 규정할 필요성을 느끼고 있다. 그렇지만 이 의심할 나위 없는 패권에도 불구하고, 대륙철학을 전문으로 하는 대학들이 영국과 아일랜드, 캐나다, 오스트레일리아에 있고, 미국에는 더 많이 있다—몇몇 두드러진 예외를 빼면 대부분 가톨릭 대학들이다. 분석 전통이 지배적인 철학과와 철학부에는 흔히 '근대 유럽 철학'이나 '칸트 이후 철학' '현상학과 실존주의'에 관한 강좌나 과제물이 있으며, 대개 이런 강좌는 일반적으로 이 분야에서 상당히 중요한 학생들의 요구를 학과측이 마지못해 수용하면서 시작되었다. 또한 영어권에서 대륙철학, 특히 근래의 프랑스어권 대륙철학은 철학과 안보다 밖에서 영향력이 훨씬 강하며, 문학이론, 예술사와 예술이론, 사회이론과 정치이론, 문화 연구, 역사서술, 종교 연구, 인류학 등 인문학과 사회과학의 이론적 혁신에 결정적인 영향을 끼쳤다. 미술과 건축, 페미니즘, 정신분석 분야의 논쟁에 끼친 영향은 말할 나위도 없다. 영어권에서 대륙 사상의 수용은 대부분 철학과 밖에서 이루어져왔는데, 이는 의미심장하고도 중요한 사실이다.

그렇지만 이것으로 이야기가 끝이라면 대륙철학에 관한 논의는 인문학과 사회과학 내부에서 전문가들이 주고받는 다른 논전보다 별반 중요하지 않을 것이다. 퀸튼의 멸시와 바타유의 경악으로 드러난 대로 대륙철학을 둘러싼 논전이 끊임없이 격앙되는 이유를 설명하려면 두번째 주장을 해야 한다. 전문적 자기기술 개념이 대륙철학을 둘러싼 다툼을 격화하고 악화하는 이유는, 이 개념이 대륙철학의 더 오래된 **문화적** 의미를 덮어버리기 때문이고, 또 대륙철학이 영국 및 영어권과 유럽 대륙의 관계에 관한 논쟁까지 거슬러올라가기 때문이다(이 논쟁의 너무도 생생한 사례를 오늘날 영국 정치에서 찾을 수 있다). 이런 의미에서 철학 전통의 정체성과 관련된 문제들은 '영국 경험주의', '프랑스 합리주의', '독일 형이상학'처럼 모호하고 실상을 호도하는 개념들에 담긴 정치지리학의 이데올로기적 편견들과 불가피하게 얽히게 된다.

존 스튜어트 밀의 흥미로운 주장

영국과 대륙의 철학적 관계의 지적 역사는 라틴어가 아닌 토착어로, 프랑스어와 영어 같은 국어로 쓰인 철학이 등장한 16세기 후반과 17세기까지 거슬러올라간다. 이와 관련하여 손쉽게 거론할 만한 대표작은 1580년 몽테뉴(Montaigne)가

프랑스어로 쓴 『에세Essais』와 1605년 프랜시스 베이컨(Francis Bacon)이 영어로 쓴 『학문의 진보The Advancement of Learning』다. 그러나 '대륙철학'으로 식별할 만한 무언가의 등장을 설명하는 핵심적 국면은 내가 보기에 상당히 나중에, 그러니까 프랑스 혁명 이후에 영국에서 칸트와 독일 관념론, 낭만주의를 수용하면서 시작되었다. 여기서 핵심 인물은 시인 새뮤얼 테일러 콜리지로, 독일 관념론과 낭만주의에 대한 그의 이해는 비록 특이하고 들쭉날쭉할지언정 영국에서 큰 영향을 끼쳤다. 이와 관련하여 무척이나 흥미로운 글은 존 스튜어트 밀이 각각 1832년과 1840년에 『런던 앤드 웨스트민스터 리뷰』에 기고한 제러미 벤담과 콜리지에 관한 장문의 에세이 두 편이다. 콜리지에게 끼친 독일의 영향과 관련하여 밀은 '대륙철학자들'과 '대륙철학'에 관해 말한다. 또한 밀은 '독일-콜리지적 학설'과 '프랑스 철학'에 관해서도 말한다. 콜리지에 관한 에세이의 앞부분에서 밀은 이렇게 썼다.

> 누구든 두 사람[콜리지와 벤담]의 전제들에 정통하여 그것들을 결합하는 이는 당대 잉글랜드 철학 전체를 소유할 것이다. 콜리지는 모든 사람이 플라톤주의자 아니면 아리스토텔레스주의자로 태어난다고 말하곤 했다. 이와 비슷하게 오늘날 모든 잉글랜드인은 암묵적으로 벤담주의자 아니면 콜리지주의자이고, 벤담의 원

리 아니면 콜리지의 원리에 입각해야만 참임을 입증할 수 있는, 인간사(事)에 관한 견해를 가지고 있다고 단언할 수 있을 것이다.

여기서 흥미로운 생각은 벤담과 콜리지를 결합하면 당대 잉글랜드 철학 전부를 얻을 수 있다는 것이다. 아울러 이 한 쌍의 경향은 두 가지 물음과 결부된다. 밀이 보기에 벤담은 오래된 학설이든 두루 받아들이는 의견이든 "그것이 참인가?"라고 묻는 반면에 콜리지는 "그것의 의미는 무엇인가?"라고 묻는다. 따라서 '대륙철학'은 의미와 관련되고 반대편의 벤담주의는 진리와 관련된다. 내가 제1장에서 말한 도식의 관점에서 보면, 벤담은 지식 물음과 관련되고 콜리지는 지혜 물음과 관련된다.

물론 여기서 밀의 발언을 심리학적으로 해석하는 것은 굉장히 솔깃한 일이다. 1826년에서 1827년으로 넘어가는 겨울, 스무 살의 밀은 격심한 '정신적 위기'를 겪었기 때문이다. 많은 청년들과 마찬가지로 밀은 인생의 목표들을 전부 실현한다면 과연 행복할 것인지 자문했고, 그렇지 않다고 답할 수밖에 없었다. 밀의 비범한 교양에 의한 공리주의는 지식을 주었으나 지혜를, 실은 행복을 주기에는 불충분했다. 밀은 워즈워스의 시를 읽고서 우울함을 일부 극복했다. "그의 시에서 나는 행복의 영원한 원천이 될 만한 것을 배운 듯했다." 본인의 말마따나 밀은 "나는 물건도 돌도 아니었다"라는 것을 배웠고, "시는 압정보다 나을 것이 없었다"라는 벤담의 판단에 반대하게 되었다. 밀은 시가 압정보다 훨씬 낫다고 판단하여 콜리지파와 그들의 독일 선배들, 이를테면 밀이 감탄한 '다면성'을 가진 괴테와 인문주의적 철학자이자 언어학자인 빌헬름 폰 훔볼트(Wilhelm von Humboldt) 등을 읽는 데 열중했다. 역사가 토머스 칼라일(Thomas Carlyle)이 사태에 대한 견해를 완전히 바꾸었느냐고 묻자 밀은 성장기에 주입받은 논리학을 활용하여 "저는 안경을 믿습니다만 눈 역시 필요하다고 생각합니다"라고 답했다.

밀의 에세이 두 편으로 돌아가자. 밀에 따르면 벤담은 위대한 "전복자" 혹은 "대륙철학자들의 언어로 말하자면 그의 시대와 나라의 위대한 **비판적** 사상가"다. 그런 전복적 비판은 논리 분석의 방법과 경험적 양식(良識)을 사용하여 "실천적 사안들"의 진실을 캐묻기에 이른다. 밀이 보기에 벤담은 흄의 회의주의를 특히 법률과 통치의 영역으로까지 확장한 실천 지향적 사상가다. 벤담의 훌륭한 면모는 사회를 개혁하려는 자세로 이런 비판 재능을 공익을 위해 사용했다는 것이다. 이에 비해 콜리지는 사안의 진실이 아니라 의미를 캐묻는 데 관심을 기울였다. 그런 까닭에 콜리지는 두루 받아들이는 학설이나 전통을 파괴하기보다는 그런 학설과 전통의 의미를 해석학적으로 재구축하는 방법을 사용했다. 퀜틴 스키너(Quentin Skinner)의 영향력 있는 저작을 떠올리며 현대의 용어로 말하자면, 이런 방법을 사태에 대한 '맥락주의적' 접근법이라 부를 수 있겠다. 다시 말해 특정한 실천이나 사건, 더 나아가 텍스트의 의미를 이해하고자 한다면, 우리는 그것의 역사적 출현을 재구성해야 하고 그것을 사회정치적 삶의 복잡한 그물망 안에 위치시켜야 한다. 이 말에 놀랄지도 모르겠지만, 이런 의미에서 사회적 격변의 강력한 적으로서 전통을 지키려는 쪽은 '콜리지주의적 대륙철학'이고, 사회적 변화와 진보의 친구로서 전통을 파괴하려는 쪽은 벤담이다. 우리는 두 전통 또는 경향의 차이에 관해 거꾸로 생각하곤 한다. 다시 말해 분석철학은 교수 휴게실처럼, 팔꿈치 부위에 덧댄 가죽처럼 보수적이고 고루한 반면에 대륙철학은 펑키하고 세상 물정에 밝고 가죽재킷을 걸친 것 같다고 생각한다. 흥미롭게도 우리는 이와 유사한 정치적 분열을 뒤에서 카르나프와 하이데거의 분쟁을 살펴보는 가운데 다시 접할 것이다. 이 분쟁에서 전자는 개혁적이고 진보적이었던 데 반해 후자는 최악의 상태에는 반동적이고 보수적이었다.

우리는 밀에게서 얻은 대립항들을 아래처럼 도식화할 수 있다.

9. 존 스튜어트 밀(1806~1873)의 캐리커처

벤담	**콜리지**
진리/진실	의미
비판적으로 파괴하려 함	해석학적으로 재구축하려 함
사회적 변화, 개혁	사회적 보수주의
진보	전통
(분석적)	(대륙적)

이렇게 보면, 분석철학과 대륙철학의 차이는 영국과 대륙처럼 서로 다른 장소들 사이의 지리적 차이가 아니라 오히려 '영국적 철학 정신'이라 부를 만한 것 내부의 차이다. 달리 말하면 그것은 본디 특정한 문화 안에서 생겨난 차이이며, 따라서 그 문화는 내분된 문화, 철저히 분파적인 문화다. 밀은 철학의 분쟁과 종교의 불관용을 비교하면서 이 논점을 조리 있게 지적한다.

> 잉글랜드에서 철학의 정신은 종교의 정신과 마찬가지로 여전히 확고부동하게 분파적이다. 보수적 사상가들, 자유주의자들, 초월론자들, 홉스와 로크 찬양자들은 서로를 철학 담론의 울타리 밖에 있는 부류로 치부하고, 서로의 추론을 애초부터 오염된 것으로, 그리하여 공격할 의도가 아니라면 설령 유해하지 않더라도 탐구할 필요가 없는 것으로 여긴다.

150년 전에 쓴 글이건만 오늘날 많은 철학자들이 심연—또는 학과 복도—건너편의 적대적 철학자들을 바라보는 방식을 기술해놓은 것만 같다. 전문 철학은 종교 분쟁이라도 치르듯이 종파적인 파벌이 되어서 오로지 적의 공격에 대비해서만 적의 철학을 탐구할 위험이 있다. 그렇지만 그런 고약한 위험을 곰곰이 생각하느라 시간을 잡아먹지는 말자.

그렇다면 무엇을 할 것인가? 밀은 흥미로운 제안을 한다.

> 대륙철학자들은 오래전부터 알아챘지만 잉글랜드인들은 이제까지 극소수만 알아챈 진리들 중 하나는 현재 불완전한 상태의 정신과학과 사회과학에서 적대적 사고방식이 중요하다는 것이다. 정체(政體)에서 서로를 견제하는 세력들이 필요한 것만큼이나, 그런 사고방식은 서로의 추론에 필요하다. 정녕 이 필요성을 꿰뚫어보는 분명한 통찰만이 철학적 관용의 유일하게 합리적인 또는 지속적인 토대다…….

이어서 밀은 철학적 사안들의 중대한 위험에 관해 첨언한다.

> 〔그 위험은—옮긴이〕 거짓을 진리로 받아들이는 것보다는 진리의 일부를 전체로 오인하는 것이다. 예나 지금이나 사회철학에서 주요한 논쟁이 벌어지면 양쪽 모두 그들이 확언한 것은 옳았으

나 그들이 거부한 것은 틀렸던 경우가 열에 아홉이었다고, 그리고 한쪽이 자기들 견해에 반대쪽 견해를 더할 수 있었다면 자기네 학설을 바로잡기 위해 따로 할 일이 거의 없었을 것이라고 설득력 있게 주장할 수 있을 것이다.

이 구절에서 여러 해석을 끄집어낼 수 있다. 첫째, '대륙철학'의 공통 진리는 적대적 사고방식의 필요성이다. 다시 말해 진리는 전체의 어느 부분에서 발견하는 것이 아니라 전체 자체를 반성함으로써 발견하는 것이다. 밀이 헤겔을 언급하지는 않았지만 이는 다분히 헤겔적인 사유이고, 헤겔의 '변증법' 개념과 유사하다. 헤겔은 『정신 현상학』 서문에 "진리는 전체다"라고 썼는데, 이 구절의 의미는 우리가 철학적 문제들에서 참된 지혜와 지식(헤겔이 말하는 '절대적 앎')을 얻는다면, 철학의 역사와 현황을 구성하는 엄청나게 다양한 테제들과 입장들을 틀림없이 저마다 진리의 낱알을 표현하는 조각들로 보게 되리라는 것이다. 즉 곡물 더미에서 알갱이 하나를 집어들 경우 곡물 전체로 구워낼 수 있는 풍족한 빵을 놓칠 위험이 있다는 것이다.

밀은 그런 적대 또는 변증법의 필요성과, 자유민주주의 정체에서 필수적인 요소인 견제와 균형을 비교한다. 경쟁적 정당 제도가 정당한 한 가지 이유는 여당의 정책과 입법을 계속해서 검토하는 것이 야당의 의무이고, 여당이 야당이 되어도 응당 그런 의무를 수행해야 하기 때문이다. 그렇다면 철학의 오류는 밀의 희망적인 견해에 따르면 진리의 일부를 전체로 오인하는 것이고, 헤겔의 표현에 따르면 오류에 대한 두려움을 진리에 대한 욕구의 상위에 두는 것이다. 이런 의미에서 문제는 벤담이 옳은지 콜리지가 옳은지 결정하는 것이 아니라, 두 철학 경향이 더 큰 진리를 함께 표현하고—즉 인간은 지식 물음과 지혜 물음에 공히 관여하고—진리를 보기 위해 안경과 눈을 공히 필요로 한다는 것이다. 철학은 비판적이고 논리적인 파괴와 끈기 있는 해석학적 재구축을 공히 필요로 한다. 다시 말해 분석철학과 대륙철학은 더 큰 문화적 전체의 반쪽들이며, 철학적 사안에서 진리는 반쪽을 단언하고 다른 반쪽을 부정하는 식이 아니라 밀의 말대로 "자신의 견해에 더해 타인의 견해까지 받아들임으로써" 얻을 수 있을 것이다.

철학의 두 문화

요약하자면, 나는 대륙철학에 관한 두 가지 역사적 주장을 했다. 대륙철학은 전문적 자기기술이자 문화적 특징이다. 전문적 자기기술로서의 대륙철학은 이 분과를 전문화하는 데 필요한—그러나 아마도 일시적으로 필요한—악(惡)이다. 문화적 특징으로서의 대륙철학은 적어도 밀의 시대까지 거슬러 올라간다. 밀의 견해에서 배울 수 있는 것은 철학 전통들의 분열이 영어권과 유럽 대륙의 지리적 대립의 표현이 아니라, '영국성' 내부의 분쟁(게다가 분파적인 분쟁)의 표현이라는 것이다. 그렇기에 분석철학과 대륙철학을 갈라놓는 심연은 서로 다르고 대립하는 사고습관들—벤담주의적 사고습관과 콜리지주의적 사고습관, 또는 경험적-과학적 사고습관과 해석학적-낭만주의적 사고습관이라고 부르자—을 갈라놓는 깊은 문화적 분열의 표현이다. 밀의 더 깊은 함의는, 사태의 철학적·문화적 진리는 그것이 어떠한 진리든 간에 한쪽을 선택하고 그리하여 부분을 전체로 오인해서는 발견하지 못한다는 것이다. 오히려 헤겔의 말대로 진리는 전체이며, 전체는 그 체계적 운동과 역사적 전개 속에서 이해되어야 한다. 이 책이 그런 이해에 이바지하기를 바란다.

분석철학자들이 대륙철학에 보이는 적의와 의구심은 대부분 두 주장—전문적 자기기술이라는 주장과 문화적 특징이라는 주장—을 무익한 방식으로 뒤섞고 편을 가르는 데서 생긴다는 것이 나의 믿음이다. 그러나 이 적의가 언제나 일방적인 것은 아니다. 적의는 일부 분석철학자들의 벤담주의적 야수성에서 기인할 뿐 아니라, 일부 대륙철학자들의 콜리지주의적 광기에서도 기인한다고 말할 수 있다. 그때 대륙철학자들은 문화적 위치의 맥락을 파악하지 못한 채 패거리 언어로 말하는 것이다. 예를 들어 하이데거와 데리다는 위대한 철학자이지만, 영어로 그들처럼 쓰려는 것은 정말로 부질없는 짓이다. 그 결과물은 최상의 경우 당혹스러운 파생물일 테고, 최악의 경우 도무지 이해 불능일 것이다. 그렇다면 대륙철학자들이 이해해야 하는 것은 대륙철학의 '영국성'이다. 여기서 '영국성'을 상세히 다룰 수는 없지만, 영어권에서 대륙철학의 '미국성'이나 '오스트랄라시아성', '캐나다성' 등등에 대해서도 비슷한 말을 할 수 있을 것이다.

달리 말하면 철학에는 두 문화가 있으며, 이 상황을 충분히 반성하지 않고는 철학에서, 실은 문화에서 변화가 별반 일어나지 않을 것이다. 밀이 콜리지에 관한 에세이를 발표한 지 거의 120년 후인 1959년 5월 7일, C. P. 스노는 케임브리지의 평의원 회관에서 유명한 리드 강연(Rede Lecture)을 했다. 이때 스노는 공통 문화의 상실과 두 개의 상이한 문화의 등장을 진단했다. 바로 과학자들이 대변하는 문화와 스노가 말한 '문학적 지식인들'의 문화다. 전자가 과학과 기술, 산업을 통한 사회 개혁과 진보를 지지한다면, 문학적 지식인들은 스노의 표현대로 "타고난 러다이트들"의 관점에서 선진 산업사회를 이해하고 안타까워한다. 〔러다이트Luddite는 19세기 초에 영국에서 노동운동의 일환으로 공장의 기계를 파괴한 직공들을 가리킨다—옮긴이] 밀의 표현에 따르면, 이는 벤담파와 콜리지파의 분열이다. 1959년 강의가 발단이 되어 이따금 험악해진 논쟁이 몇 년간 이어진 이후, 스노는 「두 문화: 재고The Two Cultures: A Second Look」(1963)에서 자신의 주된 논지를 흠잡을 데 없는 간명한 산문체로 요약했다.

> 우리 사회(즉 선진 서구 사회)에서 우리는 겉치레 공통 문화마저 상실해왔다. 우리가 아는 가장 열심히 교육받은 이들은 자신의 주요한 지적 관심사의 층위에서는 더이상 서로 소통하지 못한다. 이는 우리의 창조적 생활과 지적 생활, 무엇보다도 평범한 생활에서 제기되는 심각한 문제다. 이 상황은 우리로 하여금 과거를 그릇되게 해석하게 하고, 현재를 오판하게 하고, 미래의 희망을 부정하게 한다. 이 상황은 우리가 알맞은 조치를 취하는 것을 어렵게 하거나 불가능하게 한다.
>
> 나는 이런 소통 결여의 가장 적절한 사례를 내가 명명한 '두 문화'를 대변하는 두 집단이라는 형태로 제시했다. 이 가운데 한 집단은 그 중요성과 성취, 영향력을 구태여 강조할 필요가 없는 과학자들을 포함했다. 다른 집단은 문학적 지식인들을 포함했다. 나는 문학적 지식인들이 서구 세계의 주요한 의사결정자 역할을 한다는 뜻으로 말하지 않았다. 나는 문학적 지식인들이 비과학

적 문화의 분위기를 말로 표현하고, 어느 정도는 그 분위기를 형성하고 예측한다는 뜻으로 말했다. 그들은 결정을 내리지 않지만, 그들의 말은 결정을 내리는 이들의 마음에 스며든다. 이 두 집단—과학자들과 문학적 지식인들—사이에는 소통이 거의 없고, 동료애는커녕 적대감 비슷한 것이 있다.

나는 상술한 내용을 당시 우리의 세태를 기술하려는 의도로, 또는 그 세태를 대강 헤아려 매우 조야한 1차 근사치를 내놓으려는 의도로 썼다. 그 세태를 내가 격렬히 싫어한다는 것, 나는 이것을 충분히 밝혔다고 생각했다.

스노의 이 글은 앞에서 살펴본 밀의 발언과 분명히 공명하며, 특히 두 문화의 대변자들이 서로에게 적대감을 느낀다는 점이 그러하다. 밀의 경우처럼 스노의 노력을 심리학적으로 해석하는 것은 솔깃한 일이다. 스노는 1927년 화학에서 제1급의 성적을 거두었고, 1928년 케임브리지 대학에서 박사 과정을 시작하여 어니스트 러더퍼드(Ernest Rutherford) 경이 이끄는 세계적으로 유명한 캐번디시 연구소에서 일했다. 그후 스노는 특출한 연구과학자로 성장했고, 1964년 해럴드 윌슨(Harold Wilson)이 신설한 기술부의 정무차관이 되었다. 그렇지만 언제나 문학열을 간직했던 스노는 1932년 탐정소설 『항

해중의 죽음Death Under Sail』을 발표했고, 뒤이어 엄청난 인기를 얻은 '낯선 이들과 형제들(Strangers and Brothers)' 시리즈로 소설을 자그마치 열한 편이나 썼다. 그런 만큼 스노가 두 문화의 위기를 표현한 것은 여러모로 진심 어린 외침이었다. 그렇지만 밀의 경우와 마찬가지로 그 외침은 더 넓은 문화적 병리의 일부이기도 했다.

스노는 당대의 일급 문학비평가 겸 문화비평가 F. R. 리비스(Frank Raymond Leavis)로부터 인신공격을 받았다. 리비스는 "스노의 전체를 한눈에 보는 듯한 유사-타당성"과 문학적 이해 부족에 대해 불평했다. 이런 엘리트주의적 교만을 스노가 마땅히 무시하기는 했지만, 스노-리비스 논쟁이 이제는 익숙한 벤담 대 콜리지 분쟁, 공리주의자 대 낭만주의자 분쟁의 구도로 펼쳐지고 있었다는 것은 분명하다. 실제로 이런 논쟁은 영국의 문화사에서 익숙한 충돌이다. 역사적으로 밀과 스노의 중간 시기에 벌어진 T. H. 헉슬리(Thomas Henry Huxley)와 매슈 아널드(Matthew Arnold)의 논전을 마지막 사례로 살펴보자. 간단히 말하면, 헉슬리는 1880년에 당시 영국 산업의 중추였던 버밍엄에서 행한 강연에서, 대학들을 두루 지배하는 고전적 정전(正典)에 맞서 과학 교육 찬성론을 폈다. 이에 대응해 아널드는 1882년 케임브리지에서 행한 리드 강연 '문학과 과학(Literature and Science)'에서, 문학과 과학 모두를 더 넓고 더 독일적인 학문관으로, 즉 학문을 넓은 의미의 지식(Wissenschaft)으로 이해하는 관점으로 통합할 수 있다고 주장했다. 건설적인 대응이기는 했지만, 아널드는 대학 정전의 고전주의를 변경하려는 시도에 확고부동하게 반대함으로써 자신의 속내를 드러냈다. 그리하여 이야기는 계속되고, 의심할 나위 없이 현대의 다른 사례들을 추가할 수 있다.

이런 이유로 나의 제안은, 오늘날 철학의 분열을 두 문화 모델의 관점에서, 즉 이 적대 구도에서 양극의 충돌이 우리가 생각하는 문화를 구성한다는 관점에서 이해하는 편이 현명하리라는 것이다. 이 양극 가운데 하나가, 혹은 둘 다 사라질 가능성은 극히 적다. 밀의 말마따나 '대륙철학자들'이 한참 전부터 알아온 적대 구도에는 진리가 담겨 있다. 우리가 바랄 수 있는 최선은 이렇게 적대하는 두 파벌이 적어도 상대편이 정당한 존재라는 견해, 그리고 상대편과 이야기할 만한 무언가, 바라건대 상대편으로부터 배울 만한 무언가가 있다는 견해에 도달하는 것이다.

이 철학적·문화적 분열에 대한 스노의 해답은 아주 간단해서 한 단어로 요약할 수 있다. 바로 **교육**이다. 내가 보기에 스노는 여전히 옳다. 스노가 제기한 문화적 병리는 1963년 고등교육에 관한 로빈스 보고서(Robbins Report)에 얼마간 직접적으로 반영되었고, 서식스·워릭·요크·킬·켄트·이스트앵글

리아 대학, 그리고 내가 재직하는 에식스 대학 같은 '신흥 대학들'의 설립에 이바지했다. 이들 대학의 암묵적 소임은 학생들이 넓은 교육, 즉 자연과학자가 인문학과 사회과학의 주제를 공부하고 그 반대로도 하는 교육을 역설함으로써 두 문화 문제를 제기하는 것이었다. 음울한 사실은 1980년대 초에 대처 정부가 신흥 대학들을 겨냥한 공격을 개시한 결과, 이 기관들이 기존 소임을 대체로 포기했고, 그 자리를 '학제간 연구'라는 모호한 부적이 차지했다는 것이다.

마지막으로 스티븐 툴민(Stephen Toulmin)이 저서 『코스모폴리스Cosmopolis』에서 제기한 논증을 고찰하는 편이 좋겠다. 여기서 툴민은 두 문화가 있는 이유는 근대성의 출발점이 둘이기 때문이라는 과감한 주장을 편다. 하나는 인문주의적 출발점이요 다른 하나는 합리주의적 출발점이다. 우리가 데카르트의 이름을 으레 합리주의적 출발점과 연관짓는다면, 17세기 초기에 시작된 과학적 근대성 때문에 인문주의적 근대성—몽테뉴의 1580년 작 『에세』에서 나타나는 실천 지향적인 인문주의적 회의주의와 연관지을 수 있는 근대성—이 가려지고 심지어 왜곡된다는 것이 툴민의 주장이다. 툴민에 따르면, 우리가 인식하지 못했으나 근대성은 한 쌍의 궤도(인문주의적 궤도와 과학적 궤도)를 그려왔고, 그 귀결은 이론과 실천, 진리와 의미, 지식과 지혜의 일체성이 붕괴되거나 쪼개지는 사태였다. 툴민의 낙관적인(내 생각에는 지나치게 낙관적이지만 그래도 감탄스러운) 제안은 우리가 근대성을 인간화해야 하고, 이를 위해 실천철학을 부활시켜야 한다는 것이다. 비트겐슈타인은 후기 저술에서 몽테뉴의 인문주의적 회의주의를 재개했고, 철학하려는 실천적 충동을 회복했다. 툴민은 이렇게 썼다.

> 두 문화의 사이가 여전히 소원할지라도 이는 20세기 영국에 국한된 특이한 현상이 아니다. 이것은 근대성이 두 개의 판이한 출발점에서 기원했음을 상기시킨다. 하나는 고전 문헌에 토대를 둔 인문주의적 출발점이고, 다른 하나는 17세기 자연철학에 뿌리박은 과학적 출발점이다.
>
> 아직까지 해명되지 않은 점은 어째서 이 두 전통이 처음부터 상보적 관계가 아닌 경쟁적 관계로 보였느냐는 것이다. 갈릴레이와 데카르트, 뉴턴이 자연철학으로 외도한 덕에 무엇을 얻었든 간에, 우리는 에라스뮈스와 라블레, 셰익스피어, 몽테뉴를 버린 탓에 무언가를 잃기도 했다.

제 4 장

철학은 세상을 바꿀 수 있을까: 비판, 실천, 해방

내게는 고전적 해방의 이상보다 덜 구식으로 보이는 것이 아무것도 없다.

—자크 데리다

앞의 두 장에서 대륙철학에 대한 일종의 역사적 서술을 제시한 만큼 이제 대륙철학과 분석철학의 차이를 더 체계적으로 서술하려 애쓸 것이다. 여기서 나아가 전통, 역사, 그리고 '역사성'의 결정적 역할을 논할 것이다. 이 장의 끝부분에서 나는 **비판**, **실천**, **해방**이라는 세 용어에 기반하는 특정한 철학적 실천의 모델을 제안할 것이다. 한 무리를 이루는 이 개념들로 나는 대륙 전통의 철학이 십중팔구 근대 세계의 사회적 실천에 철학적 비판을 제기하고, 개인 또는 사회의 해방을 염원하는 일에 관여하는 이유를 설명하기 시작할 것이다. 달리 말하면, 대부분의 대륙철학은 개인의 변형이든 집단의 변형이든 일종의 변형을 식별해내려는 의도로 세계를 비판적으로 바라볼 것을 우리에게 촉구한다. 내가 보기에는 바로 이런 일군의 암묵적 가정들이 헤겔과 니체 같은 고전적 철학자들과 위르겐 하버마스와 푸코, 데리다 같은 그들의 계승자들을 연결하고 있다.

고유명인가 문제인가?

리처드 로티(Richard Rorty)는 분석철학과 대륙철학에 한 발씩 담그고서 양 진영의 차이를 흐릿하게 만들려고 한결같이, 영웅적으로 시도해온 영어권의 몇 안 되는 철학자들 중 한 명이다. 그 결과 부당하게도 로티는 자기네를 오해하고 있다는 이유로 양편 모두의 표적이 되어왔다. 로티는 존 듀이(John Dewey)의 미국 프래그머티즘 안에서 분석 전통과 대륙 전통이 뿌리내리는 데 이바지했다. 로티는 분석철학은 문제를 다루는 반면에 대륙철학은 고유명(固有名)을 다룬다는 사실에 두 전통의 본질적 차이가 있다고 본다. 나 같은 사람들이 대륙철학을 문제 지향적 접근법으로, 보통 분석철학 전통과 연관짓는 접근법으로 제시하지 않고 으레 칸트부터 시작하는 엉성한 연대기적 연쇄로 제시하는 한, 로티의 이런 입장은 얼마간 옳은 입장으로 보일 것이다. 그러나 여기서 두 전통을 구별하는 로티의 기준이 터무니없는 고정관념을 공고히 하는 일반화와 비슷한 구석이 조금 있다는 데 유의해야 한다. 그 고정관념이란 대륙철학은 문제와 그에 대한 논증과는 여하튼 무관하다는 것이다.

그럼에도 로티의 발언은 흥미로운 무언가를 포착하고 있다. 유럽 대륙에서나 영어권에서나 현대 대륙철학의 책과 논문, 논의는 정전으로 인정받는 특정 철학자의 텍스트에 초점을 맞추거나, 철학자 둘 이상의 텍스트들을 비교 연구하는 경향을 보이기 때문이다. 예를 들어 누군가는 「진리의 개념」이라는 논문 대신 「후설과 하이데거의 진리 개념」을 쓸 것이다. 혹자는 「자유주의에 대한 공동체주의적 비판」 대신 「헤겔의 칸트 비판과 현대 정치이론의 연관성」을 쓸 것이고, 혹자는 「윤리이론의 한계」 대신 「니체의 계보학적 도덕 비판의 영원회귀」를 쓸 것이며, 혹자는 「개인 정체성의 문제」 대신 「칸트에서 데리다까지의 주체 개념」을 쓸 것이다. 이런 논문은 계속 거론할 수 있다.

이런 실천이 분석 전통에서 훈련받은 철학자들을 흔히 어리둥절케 하고 화나게 한다고 말해야 공평하겠다. 그들은 대륙철학자들이 논평만 하지 독창적인 사유를 하지 않는다고 주장한다. 그들에게 이런 일은 엄밀한 철학적 논증이 아니라 프랑스화된 텍스트 해석(explication de texte)에 지나지 않는다. 영어권의 현대 대륙철학은 독창성을 저해할 정도로 논평하려는 경향이 강하다고 주장할 여지가 있다. 그러나 그런 비판(아울러 로티의 기준)은 현대의 철학 연구에 번역과 논평, 해석, 전통, 역사가 얼마나 중요한지를 분석철학과는 사뭇 다르게 의식하는 대륙철학의 독특한 실천을 제대로 인식하지 못하고 있다. 대륙 전통의 철학은 문제를 묵살하는 것이 아니라(그와는 거리가 멀다) 대개 문제에 **텍스트적·맥락적으로** 접근하며, 그런 까닭에 문제를 다루는 다른 방식, 누군가에게는 더 간접적으로 보일지 모르는 방식을 필요로 한다.

텍스트와 맥락

스탠리 카벨(Stanley Cavell)은 자신의 저술을 분석적 사고방식과 대륙적 사고방식 가운데 어느 한쪽으로 대충 분류하는 것을 일관되게 거부해온 미국의 또다른 주요 철학자다. 그렇지만 로티와 달리 카벨은 시대를 거슬러올라가 철학적으로 경시된 전통, 즉 랠프 월도 에머슨(Ralph Waldo Emerson)과 헨리 데이비드 소로(Henry David Thoreau)가 명확히 표명한 미국 초월주의 전통 안에서 분석 전통과 대륙 전통이 뿌리내리게 했다. 카벨은 대표작 『이성의 요구The Claim of Reason』(1979)의 서두에 "나는 철학을 일군의 문제들이 아닌 일군의 텍스트들로 이해하기를 바라왔다"라고 썼다. 그렇지만 내 생각에 이는 지나치게 강한 표현이다. 나라면 현대 대륙철학을 형성해온 다양한 지적 전통들은 한정되어 있으나 끊임없이 재배치되는 텍스트 별자리, 일종의 텍스트 성단(星團)을 이룬다고 주장할 것이다. 여기서 어떤 텍스트는 한동안 더 밝게 빛나다가 서서히 희미해질 것이고, 그러면 우리는 다른 텍스트의 빛으로 눈길을 돌릴 것이다. 이 텍스트들 중 일부는 적색거성처럼 팽창하여 주변의 모든 것을 빨아들일 테고, 다른 일부는 블랙홀처럼 수축하여 어떤 빛도 발하지 못할 것이다. 누구나 알듯이 밤하늘은 지구에서 각자의 위치에 따라 달리 보이며, 특정한 텍스트의 밝기는 그 텍스트를 바라보는 맥락과 우발적 요인들—이를테면 대기중 지적(知的) 오염물질의 양과 같은—에 달려 있을 것이다.

더 평범한 이미지를 고를 수도 있다. 대륙 전통의 텍스트들은 철학적 문제들을 보관하는 일종의 문서고를 이루고, 당대의 맥락 및 오늘날 우리의 맥락과 뚜렷한 관계를 맺으며, 역사를 유달리 강하게 의식한다. 우리는 어떤 성격의 문제에 직면해 있는지, 어떤 문제를 곰곰이 생각하고자 하는지에 따라 이 문서고에서 때마다 다른 사료를 이용할 것이다. 그러나 이 문서고에 보관된 텍스트들 다수—헤겔, 마르크스, 니체의 텍스트 같은—의 특징은 역사적 자의식이 강한 까닭에 당대의 맥락이나 우리 자신의 맥락을 고려하지 않고는 읽어내기가 어렵다는 것이다. 나는 제2장과 제3장에서 이런 역사적 접근법을 통해 칸트 이후 사상의 철학적 문제틀을 세우고자 했으며, 이를 위해 이 시기 독일어권 철학의 텍스트적·맥락적 역사와 영어권에서 그 철학을 수용한 상황을 재구성했다. 그런 접근법은 철학사를 흥미로운 읽을거리로 바꾸어서 더 알고 싶게 만드는 중요한 미덕이 있을 뿐 아니라, 체계적인 철학적 논증과 그것이 역사적으로 출현한 텍스트적·맥락적 조건을 분리하는 것이 불가능함을 함축하기도 한다.

이와 관련된 근래의 네 가지 사례를 들어 보이겠다.

1. 1980년대에 특히 숭고 개념을 논의하던 이들이 칸트의 『판단력 비판』에 관심을 보인 일은 근대성/탈근대성 논쟁에서 제기된 문제들의 원인이자 결과였다. 그런 까닭에 근대성이 막을 내렸느냐(장프랑수아 리오타르의 입장) 아니면 그저 미완이냐(하버마스의 입장)는 쟁점을 둘러싸고 흔히 험악하게 주고받은 언쟁은 각자 칸트를 어떻게 읽는지, 그리고 자신의 독법에서 무엇을 강조하는지에

달려 있었다. 다행히 그 논쟁은 시들해졌고, 토론자들은 다른 주제로 넘어갔다.

2. 내가 철학 학부생이던 1980년대 초만 해도 셸링은 아예 들어본 적이 없거나 헤겔의 초기 비판과 관련해서만 들어본 이름이었다. 근래에 셸링에 대한 관심이 높아진 이유는 영어권에서 프랑스의 '탈구조주의' 사상을 수용하는 가운데 인식한 철학적 문제들 때문이다. 데리다 같은 사상가의 논증 형태가 셸링의 논증 형태와 눈에 띄게 흡사하다는 것이 분명해졌으며, 실상이 그렇다면 '해체'는 기존에 생각했던 것만큼 전위적이지 않을지도 모른다.
3. 오늘날 에마뉘엘 레비나스는 일반적으로 20세기 프랑스의 가장 위대한 철학자들 중 한 명으로 평가받는다. 그러나 그의 저술은 1980년대 중반까지 프랑스에서 대체로 무시되었다. 레비나스에 관한 글이 넘쳐나는 현재 상황은 '하이데거 사건', 즉 1986년에서 1987년으로 넘어가는 겨울에 하이데거의 수치스러운 친나치 행적의 정도가 분명하게 드러난 사건의 직접적인 결과로 보인다. 요컨대 레비나스에 대한 관심은 하이데거 사유의 윤리적·정치적 단견이라는 맥락에서 생겨나며, 따라서 함축적으로는 하이데거로부터 영감을 받은 사유에서, 특히 데리다의 해체 같은 사유에서 생겨난다.

4. 찰스 테일러(Charles Taylor)의 선구적인 작업을 주목할 만한 예외로 치면, 헤겔은 아주 최근까지도 영미 철학 정전에서 그늘에 다소 가려진 인물이었다. 요즘 헤겔의 저술에 대한 관심이 되살아나는 것은 현대 영미 철학에서 존 맥도웰(John McDowell)과 로버트 브랜덤(Robert Brandom)을 비롯한 이들이 논쟁한 결과다. 그들은 철학에서 자연주의의 한계에 관해, 자연을 자유 또는 이성과 조화시킬 방법을 찾아야 할 필요성에 관해 논쟁했다.

대륙 전통이 특수한 맥락에 놓인 철학적 문제를 다루는 데 필요한 일종의 방대한 텍스트 문서고로서 기능하는 다른 사례들을 여기에 추가할 수 있다. 현대의 실질적인 철학적 문제를 다루는 사람은 그 문서고에서 어떤 텍스트와 일군의 개념들을 상기할 것이다. 우리는 지나온 길을 새롭게 되돌아봄으로써 철학적으로 전진한다.

달리 말하면 대륙 전통에서 철학적 문제는 하늘에서 뚝 떨어지는 완성품이 아니거니와, 영원한 철학이라는 비역사적인 공상의 요소도 아니다. 이 전통에서 고전적 철학 텍스트를 읽는 일은 대학의 저녁식사 자리에서 나누는 대화보다는, 우리가 이제 겨우 어렵사리 알아듣기 시작한 언어를 구사하는, 먼 곳에서 온 낯선 사람과의 만남에 더 가깝다. 나는 학자 경력을 시작하고 얼마 후에 영국의 한 주요 대학에서 몇몇 철학자에게 논문을 건넸던 일을 기억한다. 내게는 적잖이 당혹스러운 일이었다. 저녁식사 자리에서, 그러니까 아리스토텔레스부터 시작해 데카르트와 하이데거를 거쳐 데리다에 이르기까지 변해온 주체 개념의 의미에 관한 나의 긴 논문을 견뎌낸 다음 저녁을 먹는 동안, 나는 이런 질문을 받았다. "내가 지금 당신과 저녁식사를 하는 것처럼 마치 데카르트와 저녁식사를 하듯이 그를 읽을 수 없는 이유는 뭘까요?" 나는 데카르트가 30년 전쟁의 대혼란을 직접 목격한 뒤 지금으로부터 350년 전에 죽었고, 라틴어와 프랑스어로 글을 썼고, 자서전체 에세이(『방법서설Discours de la méthode』)와 영신 수련(『제1철학에 관한 성찰』) 같은 특정한 문학 장르들을 활용했다고 답했다. 그러므로 데카르트의 논증이 과연 타당한지 판정하기 위해 이런 요소들을 단순히 읽어 넘길 수는 없는 노릇이라고 나는 결론지었다. 말할 필요도 없이 나는 식사 자리에서 대화 상대와 그 밖의 다른 손님들을 납득시키지 못했지만, 그 현장은 철학적 접근법의 차이를 잘 보여주는 사례다.

다시 말해, 철학적 문제들은 텍스트와 맥락에 묻어 들어가(embedded) 있는 동시에 그것들로부터 떨어져(distanced) 있다. 번역과 언어, 독해, 텍스트 수용, 해석, 그리고 역사에 대한 해석학적 접근처럼 지엽적으로 보이는 문제들이 대륙 전통에서 그토록 중요한 이유를 바로 이런 묻어 들어가 있는 동시에 떨어져 있는 성격으로 설명할 수 있을 것이다. 물론 이로 인해 대륙철학자들은 흔히 '철학'보다는 '문학'을 하고 있다는 당혹스러운 혐의를 받곤 한다. 이런 혐의를 제기하는 사람은 철학자의 명제와 경험의 관계가 마치 어떤 무매개적이고도 투명한 관계이기를 바라는 것이다. 이런 바람은 윌프리드 셀러스(Wilfrid Sellars)가 '주어진 것의 신화(The myth of the given)'라고 부른 것, 즉 철학 지식은 우리가 직접적으로 알거나 '정신 앞에 무매개적으로' 있는 대상들에 솔직하고도 자명하게 근거한다는 관념을 본뜬 것처럼 보인다.

전통과 역사

상술한 대로 두 전통을 고유명과 문제라는 피상적인 차이에 입각해서 구별하는 것은, 비록 불충분한 기준에 따른 구별이기는 하지만, 전통과 역사에 관한 더 깊은 물음들과 대륙철학에서의 역사의 중심적 역할에 관한 논의로 이어진다. 분석철학과 대륙철학의 차이를 규정하는 가장 쉽고도 간결한 방법은 철학자 개개인이 생각하는 자기 전통의 형태와 그 전통을 구성하는 철학자들에 입각하여 규정하는 방법일 것이다. 다시 말해 여기서 중요한 것은 누가 조상 혹은 권위자로 여겨지는지를 아는(어쩌면 누가 그렇게 여겨지지 않는지를 아는 것—때로는 이유도 모른 채—이 더 중요할 것이다) 철학자가 자신이 어떤 전통에 속한다고 느끼는 것이다. 예를 들어 분석철학자라면 프레게와 러셀, G. E. 무어(George Edward Moore)를 선대의 권위자로 꼽을 것이고, 대륙철학자라면 헤겔과 후설, 하이데거를 거론할 것이다. 이런 의미에서 마치 오래된 가족 초상화나 사진을 보면서 조상의 얼굴과 오늘날 후손 얼굴의 닮은 구석을 찾아낼 수 있는 것처럼, 분석철학과 대륙철학 공히 조상 집단을 기준으로 식별할 수 있을 것이다.

그러나 사실 이런 식으로 구별해서는 문제의 핵심에 이르지 못하는데, 대륙철학의 관점에서 보면 신기하게도 분석철학은 꽤 최근까지 자신의 전통을 유독 의식하지 않았기 때문이다. 이 추세는 바뀌기 시작했고, 분석철학의 기원에 관한 흥미로운 작업이 이루어지고 있다. 예컨대 앞에서 살펴본 대로 더밋처럼 그 기원을 프레게에게서 유래한 독일어권의 뿌리와 연관짓기도 하고, 러셀의 영국 관념론 비판과 연관짓기도 한다. 20세기 초 수십 년간 분석철학이 등장한 과정은 시와 미술, 건축 분야의 더욱 폭넓은 모더니즘 운동들과 병행한 과정으로 볼 수 있다. 이 점을 염두에 둔다면, 비트겐슈타인이 『논리-철학 논고Tractatus Logico-Philosophicus』의 저자에 그치지 않고 빈에서 누이를 위해 극히 간소한 모더니즘 양식으로 주택을 설계하고 짓기도 했다는 사실이 그리 놀랍지 않을 것이다.

근래 분석철학의 '역사화'의 또다른 중요한 징후는 전기(傳記)가 정당한 철학적 관심사로, 문화적 흥미를 크게 불러일으키는 장르로 부상했다는 것이다. 이와 관련된 안성맞춤 사례 역시 비트겐슈타인, 즉 레이 몽크(Ray Monk)의 굉장한 저서 『루트비히 비트겐슈타인: 천재의 의무Ludwig Wittgenstein: The Duty of Genius』(1990)와 데릭 저먼(Derek Jarman)의 조금 덜 굉장한 영화 〈비트겐슈타인〉(1993)이다. 몽크가 1996년에 출간한 버트런드 러셀 전기와, 최근에 성공을 거둔 이사야 벌린(Isaiah Berlin) 전기와 A. J. 에이어 전기는 이러한 전기로의 전회에 힘을 보탰다. 대륙 쪽에서는 뤼디거 자프란스키(Rüdiger Safranski)의 지적인 하이데거 전기를 언급할 만하다. 전기의 매력은 한 철학자의 지적 산물을 특수한 실존적 태도의 표현으로 보게 해준다는 것이다. 다시 말해 우리는 철학이 삶의 방식으로 구현된다고 볼 수 있다—비트겐슈타인은 특히 이 점에서 매력적이다. 그런 까닭에 특정한 철학자의 견해를 지지하거나 옹호하는 사람이 더 나아가 그 철학자의 삶을 모방하기도 한다. 우리 철학자들은 직업상 이런 사례를 항상 보고 있다. 이를테면 카리스마 있는 유명한 철학자의 학생들은 그의 학설을 변호하는 데 그치지 않고, 그의 손짓과 우유부단함과 언어적 버릇은 물론이고 심지어 그의 흡연과 음주, 성적 습관까지 모방한다. 여기서 일어나는 일을 가리키기에 제자 훈련은 과한 단어가 아니다. 그러나 이것이 새로운 생각이라고 보기는 어려운데, 고대 세계에서 전기가 철학을 가르치는 주된 수단이었기 때문이다. 소크라테스의 사례가 두드러지기는 하지만, 스토아 학파와 에피쿠로스 학파 같은 후대의 다양한 헬레니즘 학파들도 전기를 가르침의 수단으로 사용했다. 전기 안에서 철학은 삶의 방식과 융합된다.

역사성과 해방

역사성 문제를 고집하는 나는 대부분의 분석철학과 달리 대부분의 대륙철학은 철학과 철학사를 구별하는 입장에 타당성이 있음을 부인할 것이라고 생각한다. 이것은 칸트 이후의 전통에 초점을 맞추는 작업이 대륙철학에 그토록 중요한 이유이기도 하다. 잠바티스타 비코(Giambattista Vico)와 후대의 장자크 루소(Jean-Jacques Rousseau)를 두드러진 예외로 치면, 역사 문제는 바로 이 전통에서 하만과 헤르더, 그리고 무엇보다도 헤겔의 작업을 통해 철학적 중심 문제가 되었기 때문이다. 대륙 전통의 장점은 실천으로서의 철학의 본질적으로 역사적인 성격과 이 실천에 관여하는 철학자의 본질적으로 역사적인 성격에 초점을 맞추게 해주는 것이라고 말할 수 있다.

이는 보통 '역사성'이라 불리는 것에 대한 통찰이다.

이 역사성에 대한 통찰로 말미암아, 삶의 의미와 가치에 관한 심오한 철학적 물음들은 더이상 사변적 형이상학의 전통적인 주제들(신, 자유, 불멸성)이라고 정당하게 불릴 수 없게 되었다—칸트는 이 주제들이 도덕적으로는 옹호할 수 있을지언정 인식론적으로는 무의미하다고 생각했다. 철학(그리고 철학자들)의 본질적 역사성에 관한 인식은 두 가지 문제를 함축한다.

1. 인간 주체의 근본적인 **유한성**. 즉 인간 경험 외부에 신과 같은, 우리의 경험을 특징짓고 판정하는 견지나 준거점은 없다. 또는 설령 있더라도 우리는 그것에 관해 전혀 알 수 없다.
2. 인간 경험의 철저히 **우연적인** 또는 **피조적**(被造的)**인** 성격. 다시 말해 인간 경험은 너무나 인간적이고, 우리에 의해 만들어지고 다시 만들어지며, 이렇게 만들어지는 환경은 그 정의상 우연적이다.

일단 인간 존재를 역사·문화·사회의 궁극적으로 우연적인 관계망에 묻어 들어가 있는 유한한 주체로 위치시키고 나면, 대륙 전통에 속하는 많은 철학자들의 공통 특징, 즉 상황이 달

10. 1806년 10월 14일, 창밖에서 맹렬히 벌어지는 예나 전투도 의식하지 못한 채 『정신 현상학』을 집필하는 헤겔. 필립스 워드(Phillips Ward)의 소묘

라져야 한다는 요구를 이해하기 시작할 수 있다. 인간 경험이 우연적인 창조라면, 그 경험을 다른 방식으로 재창조할 수 있다. 이는 철학이나 예술, 시, 사고(思考)의 변혁적 실천, 또는 현재를 고심하고 비판하고 궁극적으로 구원할 수 있는 실천을 요구하는 것이다. 그렇다면 대부분의 대륙사상을 관통하고 하버마스나 데리다 같은 철학자들을 계속해서 고취하는 이 요구는 곧 현재의 여건으로부터, 자유롭게 바꿀 여지가 없는 그 여건으로부터 스스로를 해방시킬 것을 사람들에게 요구하는 것이다. 루소의 말마따나 "인간은 자유롭게 태어났지만 어디서나 사슬에 묶여 있다"—이 말은 18세기 말 독일과 영국에서 청년 낭만주의자들의 구호였다. 비판과 해방은 실 한 가닥의 양쪽 끝이다.

비판과 해방 사이 연결고리에 관한 내가 아는 가장 극적인 진술은 낱장 양면에 적은 짧은 텍스트에 기묘하고도 놀라울 만큼 순진한 형태로 담겨 있다. 아마도 1796년 여름에 작성했을 이 텍스트는 흔히 「독일 관념론의 가장 오래된 체계-계획」(부록 참조)이라 불린다. 철학 연구를 통해 이 텍스트를 청년기 헤겔이 썼음이 밝혀졌다. 그렇지만 여기서 표명한 이념은 청년기 셸링의 이념을 더 면밀히 반영하고, 이보다 덜한 정도로 위대한 독일 시인 요한 크리스티안 프리드리히 횔덜린(Johann Christian Friedrich Hölderlin)의 이념을 반영한다. 실제로 이 텍스트를 쓰기 몇 년 전에 세 사람은 독일 남부 튀빙겐 대학의 신학 세미나에서 함께 공부했다. 그후 셸링은 1798년 23세라는 깜짝 놀랄 만큼 젊은 나이에 예나 대학 교수로 임명되었다. 「체계-계획」에는 특이한 역사가 있다. 헤겔의 미발표 원고의 편집자 푀르스터(Förster)와 보우만(Boumann)은 「체계-계획」의 존재를 알면서도 1834~1835년 헤겔의 다양한 원고를 묶어 펴내면서 이 텍스트를 집어넣지 않았다. 아마도 이 텍스트가 성숙한 헤겔의 좀더 보수적인 견해와 썩 조화를 이루지 못했기 때문일 것이다. 「체계-계획」은 1913년 베를린에서 경매에 부쳐진 헤겔의 마지막 텍스트들 중 하나였고, 이때 프로이센 국립 도서관이 구매했다. 1917년 처음으로 공개되고 논평된 이 텍스트는 위대한 유대계 독일인 철학자 프란츠 로젠츠바이크(Franz Rosenzweig)의 관심을 끌었다. 그는 이 텍스트에 오늘날 널리 알려진 이름을 붙였고, 장차 「체계-계획」이 불러일으킬 광범한 철학적 논의를 개시했다.

「체계-계획」은 칸트 이후 사상을 여러 개의 테제로 깔끔하게 결정화한다. 다른 논점들도 있지만, 여덟 가지 핵심 논점은 다음과 같다.

1. 칸트 이후 철학적으로 요청되는 이념(우리가 제2장에서 이미 살펴본)은 비판 체계의 이원론들의 화해이며, 이 이념

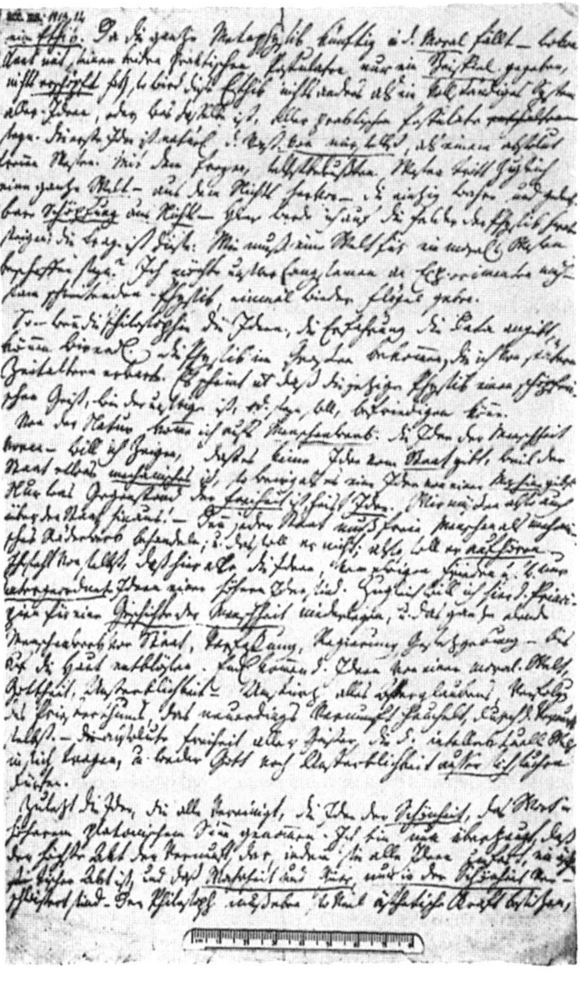

11.「체계-계획」 첫 페이지의 사본

과 예술품이 그런 화해를 위한 수단이라는 낭만주의적 이념을 결합해야 한다. 예술품은 자유의 감성적 이미지를 제공하고, 자연 영역과 이성 영역을 조화시킨다.

2. 이 예술품을 창조하기 위해 철학자는 시인처럼 되어야 하고 시인과 똑같은 심미적 능력을 지녀야 한다는 이념. 철학과 시—플라톤의 『국가』 이래로 별개였던—는 하나가 되어야 한다.
3. 철학과 시가 예술품 안에서 통일되어야 한다는 요구는 **이성의 신화**에 대한 요구와 같은 선상에 있다. 이 신화 덕분에 민중은 이성적이 될 수 있을 것이고, 철학자들은 감성적이 될 수 있을 것이다. 그렇게 되면 "영원한 통일성이 우리들 사이를 지배할 것이다". 여기에 담긴 생각은 사회적으로 실효를 거두기 위해 이성의 이념들을 구체화해야 한다는 것이다. 따라서 칸트적 합리성의 형식주의를 피하는 방법은 이성을 신화의 형식으로 구체화하는 것이다. 이것은 「체계-계획」에서 '감성적 종교'라고 불리기도 한다.
4. 이성의 신화는 우리가 정치의 이데올로기라고 부를 만한 것으로서, 비판적인 동시에 해방적인 이데올로기로서 기능한다.
5. 이성의 신화가 비판적인 이유는 우리가 자유를 성취하려

면 자유를 방해하는 것을 파괴해야 하기 때문이며, 이 텍스트에서 밝히는 방해물은 인간을 기계처럼 다루는 국가라는 기계적 작동기제다. 그러므로 묵시론적으로 말해서 국가는 "끝을 맞아야만 한다". 이 국가 파괴는 국가 종교의 제거 또한 함축한다. 국가 종교의 특징은 자유로운 사람들이 "현자들이나 성직자들 앞에서" 벌벌 떨게 만드는 "경멸하는 눈길"이다.

6. 이성의 신화가 해방적인 이유는 자유와 평등에 근거한 새로운 사회 조직의 달성을 목표로 삼기 때문이다. "그런 뒤에야 비로소 우리는 모든 힘들이…… 동등하게 도야되리라 기대할 수 있다."
7. 요컨대 우리는 이성의 신화라는 형태로 나타나는 예술의 창조력을 통해 정치적으로 변혁된 삶의 차원들을 에둘러 알릴 수 있다. 이는 초기 독일 관념론과 낭만주의에 우리가 '루소주의'라고 부를 만한 것, 즉 새로운 형태의 도덕적 사회성과 더불어 모든 남녀 사이의 자유와 평등을 확립하려는 바람이 담겨 있었음을 드러낸다. 독일은 물론 영국에서도 특히 낭만주의자들에게 이것은 우정에 기반을 두는 사회, 모든 친구가 자유롭고 평등한 사회를 의미했다.
8. 한때 잊혔던 이 단편의 놀라우리만치 순진한 유토피아주

12. 외젠 들라크루아(Eugène Delacroix, 1798~1863), 〈민중을 이끄는 자유의 여신〉, 1830년 7월 28일

의에서 우리는 칸트의 형이상학 비판에서 받은 영감이 1789년 프랑스 혁명의 해방 정신과 섞여서 "진리와 좋음은 아름다움 안에서만 형제 사이다"라는 심미적 선언으로 나타난 것을 확인할 수 있다. 위대한 마르크스주의 비평가 죄르지 루카치(György Lukács)가 말했듯이 "그것은 불을 뿜는 화산 위에서 추는 춤이었고, 가망 없는 찬란한 꿈이었다". 가망이 전혀 없었다는 것은 분명한 사실이지만, 그것은 여전히 빛을 내고 있다.

전혀 전통적이지 않은 전통에 대한 호소

이렇듯 대륙철학은 그 전통과 불가분한 관계다. 실제로 우리는 이런 생각을 이미 접했다. 밀은 벤담과 콜리지를 범주화하면서 벤담은 진보적이고 콜리지는 전통적이라고 구별했다. 그러나 밀은 너무 성급하게 전통과 보수주의를 연관지었다. 물론 성숙기의 콜리지나 고전적인 정치적 보수주의를 고수한 에드먼드 버크(Edmund Burke)처럼 전통과 사회적으로 보수적인 관계를 맺는 경우도 있다. 그렇지만 현대의 삶에서 없어지거나 잊히거나 억압당하고 있는 무언가를 복구하려는 시도를 전통이라고 본다면, 전통에 호소한다고 해서 전통적일 필요는 전혀 없다. 다시 말해 전통에 대한 호소가 과거를 보수적으로 묵인하는 어떤 형태일 필요는 없다. 오히려 철학의 역사 및 역사 자체와 **비판적으로** 맞서는 형태일 수도 있다. 그런 비판적 전통관을 하이데거는 형이상학 역사의 파괴(Destruktion) 또는 해체(Abbau)라고 불렀는데, 청년기 데리다가 이 단어들을 프랑스어의 해체(déconstruction)로 옮기고자 했다. 그러니 논란 많은 개념인 해체에 논란 없는 방식으로 접근하려면, 전통 안에서 이제껏 사유되지 않은 것과 여전히 사유되어야 할 것이라는 관점에서 전통을 비판적으로 탈구축하려는 시도라는 의미로 해체를 이해해야 한다. 이런 의미에서 우리는 전통의 **급진적** 경험을 말할 수 있다. 조금 더 구체적으로 설명하기 위해 전통을 급진적으로 사유하는 두 가지 두드러진 방식, 즉 후설의 방식과 그의 학생들 가운데 가장 유명한 하이데거의 방식을 살펴보자.

전통에는 두 가지 의미가 있다고 말할 수 있다.

1. 의문을 품거나 비판적으로 캐묻지 않은 채 상속받거나 물려받은 무엇. 밀이 콜리지와 관련하여 말하는 보수적인 전통 개념.
2. 첫째 의미의 전통과 비판적으로 대면하여 만들어내거나 산출한 무엇. 전혀 전통적이지 않은 전통에 대한 호소, 급진적 전통.

후설과 하이데거가 공유하는 것은 둘째 의미의 전통이다—둘 사이에 실질적인 차이점이 없는 것은 아니지만, 그건 다른 이야기다. 후설의 후기 견해가 담긴 『유럽 학문의 위기Die Krisis der europäischen Wissenschaften』(1936)에서 전통의 두 의미는 전통을 **퇴적시키는** 경험과 **재활성화하는** 경험에 상응한다. 퇴적은 지질학적 관점에서 침전 혹은 응고화 과정으로 생각하는 편이 도움이 된다. 후설이 보기에 퇴적의 핵심은 현 상황의 기원을 망각한다는 데 있다. 『유럽 학문의 위기』에 부록으로 실린 1936년 에세이 「기하학의 기원Der Ursprung der Geometrie」에 나오는 후설의 유명한 기하학 사례를 살펴보자. 이 에세이가 데리다의 첫 저서, 그러니까 후설의 에세이를 단순히 번역하고 해설한 저서의 주제였음을 잊어서는 안 된다. 간단히 말해서 후설의 중심 논지는 기하학의 기원을 잊는다면 기하학과 같은 분과들의 역사적 성격을 잊게 된다는 것이다. 그런데 이 문제가 왜 중요할까? 그 이유는 가장 순수한 형태의 기하학이 후설이 말하는 '이론적 태도', 즉 자연과학이 그 대상을 대하는 입장을 표현하기 때문이다. 후설의 논지는 기하학의 기원에 관한 지식을 재활성화하는 것이 곧 과학의 이론적 태도가 특정한 사회적·역사적 맥락에, 즉 후설의 유명한 용어인 '생활세계(Lebenswelt)'에 속한다는 점을 상기시키는 방법이라는 것이다. 후설의 비판적이고 논쟁적인 논지

13. 에드문트 후설(1859~1938)의 학창 시절 사진

는, 갈릴레이 이래 과학의 활동이 자신이 말하는 '자연의 수학화', 즉 과학이 생활세계의 온갖 실천에 필연적으로 의존한다는 점을 간과하는 결과를 초래했다는 것이다. 지식과 지혜, 과학과 일상생활 사이에는 간극이 있다. 후설이 '위기'라고 부르는 이 상황은 과학의 이론적 태도가 모든 존재자를 바라보는 방식을 규정하게 될 때 발생한다. 후설이 말하는 철학(즉 현상학)의 과제는 전통의 기원을 비판적 · 역사적으로 반성하여, 지금 우리가 가진 과거 이미지의 극히 유해한 순진함에 맞서 전통을 재활성화하는 능동적 경험을 가능하게 하는 것이다.

전기 하이데거의 파괴 개념도 크게 다르지 않다. 하이데거에게 파괴란 존재론의 역사를 파괴하는 것, 정확히 말하면 과거를 파괴하는 방법이 아니라 오히려 전통의 긍정적인 경향들을 찾아내고 그가 말한 전통의 '해로운 선입견'에 맞서는 방법이다. 파괴는 전통의 산물이며, 이는 반복 또는 되찾음 과정을 통해, 즉 하이데거가 말한 반복(Wiederholung)을 통해 만들고 빚어내는 무언가를 뜻한다. 여기에 담긴 생각은 반복 행위를 통해, 비판적·역사적으로 반성함으로써 현상황의 본원적 의미를 되찾는 행위를 통해 과거와 진정한 관계를 맺을 수 있다는 것이다. 하이데거가 거론하는 중심적 사례는 있는 것—존재—의 의미와 시간이 연결되는 방식, 즉 고대 희랍인들 이래로 서구의 형이상학 전통을 줄곧 뒤덮어왔다고 그가 주장하는 연계다. 따라서 역사의 숨겨진 놀라운 힘을 경험하려면 사람들이 두루 받아들이는 진부한 의미의 과거를 파괴해야 한다. 『존재와 시간』 시기(1920년대 후반)에 하이데거는 전통(Tradition)과 전승(Überlieferung)을 구별하는 관점에서 수용된 전통과 파괴된 전통의 차이를 명확히 표현했다. 그렇지만 전통이 일종의 문화유산 산업과 융합했다는 뜻으로 말하지는 않았다. 오히려 하이데거는 독일어 동사 위버리페른(überliefern)의 의미(넘겨주다, 전달하다)를 이용하여, 과거와의 진정한 관계란 과거의 숨겨진 잠재력이 전달되고 드러나는 관계임을 말하고자 했다. 하이데거가 보기에 진정한 실존에 필요한 전제조건은 수용적인 과거 경험이 아닌 급진적인 과거 경험이었다.

여기서 지적해야 할 중요한 점은 전통을 반성하는 후설과 하이데거의 표적이 과거 자체가 아니라 **현재**, 정확히 말하면 현재의 **위기**라는 것이다—이 점은 정신의 역사에 관한 헤겔의 반성도, 곧 살펴볼 니체의 니힐리즘도 마찬가지다. 유럽 학문의 진짜 위기 또는 하이데거가 말한 '서구의 고뇌'는 고뇌가 없다고 느끼는 것이다. "위기? 무슨 위기?"냐는 것이다. 진짜 위기는 위기의 부재이고, 진짜 고뇌는 고뇌의 부재다. 도스토옙스키라면 그런 생각 없는 기억상실증 속에서 우리가 행복한 가축의 수준으로 침몰한다고 비꼬았을 것이다. 요컨대 재활성화되거나 파괴된다는 의미의 전통—급진적 전통—은 우리로 하여금 현재를 비판적으로 의식하게 해준다.

위기의 산물로서의 철학

대륙 전통 철학의 시금석은 실천 문제라고 말할 수 있다. 다시 말해 우리 자신이 만들어가는 세계에서 유한한 자아로서 역사와 문화에 묻어 들어가 있는 우리 삶의 문제라고 말할 수 있다. 자유롭게 바꾸지 못하는 현상황에 대한 비판으로, 상황이 달라져야 한다는 해방적 요구로, 철학·예술·사고·정치의 변혁적 실천에 대한 요구로 나아가도록 철학을 이끄는 것은 바로 이 실천이라는 시금석이다. 이 사실에서 시작해 대륙 전통 철학의 어찌 보면 수수께끼 같은 특징, 즉 마치 땅속을 흘러가는 지하수처럼 독일 관념론 전통, 마르크스주의 전통, 현상학 전통, 정신분석 전통, 그리고 프랑크푸르트 학파 전통을 각기 다른 형태로 관통하는 위기라는 주제를 설명할 수 있을 것이다. 이런 위기 분위기는 분석 전통 가운데 문화적·정치적 자의식이 더 강한 영역들에서도 나타난다. 일례로 제6장에서 살펴볼 빈 학단의 매혹적인 1929년 선언문에서 분명하게 나타난다. 이 선언문 작성자들은 한편으로는 과학적 세계관을 주장했고, 다른 한편으로는 형이상학을 극복하는 것이 급진적인 사회민주주의적 사회 변혁의 필수 요소라고 주장했다.

대체로 보아 대륙 전통에서 철학은 현재를 비판하고 현재가 위기에 처해 있다는 반성적 자각을 촉진하기 위한 수단이다. 이 위기를 부르주아의 속물근성에 물든 세계에서 신앙의 위기로 표현하든(키르케고르), 유럽 학문의 위기(후설), 인간과학의 위기(푸코), 니힐리즘의 위기(니체), 존재의 망각의 위기(하이데거), 부르주아-자본주의 사회의 위기(마르크스), 도구적 이성의 헤게모니와 자연 지배의 위기(아도르노와 막스 호르크하이머Max Horkheimer)로 표현하든 다른 어떤 위기로 표현하든 말이다. 역사와 문화, 사회에 대한 예리한 반성으로서의 철학은 비판적 의식의 자각으로, 후설이라면 퇴적된 전통의 재활성화라고 불렀을 법한 것으로 나아간다. 이 견해를 조금 더 밀고 나아가면, 철학자—후설 특유의 표현에 따르면 '인류의 공무원'—의 책무는 위기를 생산하는 것, 전통을 고사시키는 퇴적물의 느린 축적 과정을 역사적 비판의 재활성화라는 이름으로 어지럽히는 것이며, 그럴 때 철학자의 지평은 해방된 생활세계일 것이다. 대륙 전통 철학은 해방을 지향한다. 철학자에게 진짜 위기는 위기를 인식하지 못하는 상황일 것이다. 그런 세계에서 철학은 역사적 호기심의 대상이나 지적인 기분 전환, 상식을 가다듬는 기술적 수단으로 쓰일 뿐 그 외에는 용도가 없을 것이다.

14. 장자크 루소(1712~1778)의 묘, 파리 팡테옹

논의를 약간 정식화하기 위해 다음과 같이 이 장의 부제를 이루는 용어들을 중심으로 정리한, 대륙 전통 철학의 단순한 모델을 제안하겠다.

여기서 비판은 기존 실천에 대한 비판인데, 그 실천이 정당하지 못하다고, 자유롭지 못하다고, 진실하지 못하다고, 또는 어떤 이유로든 온당치 못하다고 느끼기 때문이다. 더욱이 이 비판은 기존의 부당한 실천과는 다른 개인적 또는 집단적 실천을 지향하는 해방, 인간의 삶을 생각하는 다른 방식의 해방을 목표로 삼는다. 그 목표는 니체가 말한 고독한 귀족의 삶일 수도 있고, 마르크스가 구상한 공산주의 사회일 수도, 들뢰즈와 가타리가 기술한 복수의 생성(~되기)일 수도, 또는 완전히 다른 무언가일 수도 있다.

제 5 장

무엇을 할 것인가:
니힐리즘 대응법

제2장에서 보았듯이 칸트는 대륙 전통에 속하는 관념론자와 낭만주의자에게, 심지어 마르크스주의자에게도 문제 하나를 물려주었다. 칸트 자신이 『판단력 비판』에서 씨름한 문제이자, 야코비의 칸트와 피히테에 대한 비판에서 핵심에 놓인 문제였다. 오늘날 그 문제는 이렇게 표현할 수 있을 것이다. 정당화할 수 있다고 보면, 칸트의 형이상학 비판은 사변적이고 독단적인 형이상학의 전통적 주장이 인식에 무의미함을 보여주는 한편 실천이성의 우위(즉 자유 개념)를 위해 규제적 도덕의 필요성을 확립하는 뛰어난 업적을 이루었다. 그런데 이 업적은 의문을 불러일으켰다. 자연세계가 인과율의 지배를 받고 자연법칙에 따라 기계적으로 결정된다면, 이 세계에서 어

떻게 자유의 실례가 나타나고 어떻게 자유가 효력을 발휘하겠는가? 자연세계의 인과율이 어떻게 칸트가 말한 '자유의 인과율'과 조화를 이루겠는가? 칸트의 제3비판의 언어를 암시하는 에머슨에 빗대어 말하자면, 어떻게 천재성이 실천력으로 바뀌겠는가?〔에머슨의 에세이 『경험Experience』의 마지막 구절을 가리킨다—옮긴이〕 칸트는 헤겔과 청년기 마르크스라면 **양서류 같다**고 말했을 법한 위치에 인간을 남겨둔 것 아닐까? 다시 말해 도덕법칙에 자유롭게 복종하는 동시에 객관적 자연세계—모든 가치를 빼앗겨온 세계, 인간과 대치하는 소외의 세계—에 의해 결정되는 위치에 인간을 남겨둔 것 아닐까? 상품처럼 일정한 값을 치르고 구할 수 있는 대상들의 무심한 세계 앞에서 개인의 자유는 추상적인 개념으로 전락하는 것 아닐까?

이런 것이 1880년대에 니체가 니힐리즘 개념으로 진단한 문제다. 이 문제는 20세기의 대륙사상가들에게, 예컨대 하이데거, 발터 벤야민, 테오도어 아도르노, 카를 슈미트(Carl Schmitt), 한나 아렌트(Hannah Arendt), 자크 라캉, 미셸 푸코, 자크 데리다, 쥘리아 크리스테바(Julia Kristeva) 등에게 단연코 결정적이었다. 다시 말해 그들은 주체의 자유와 도덕적 확실성의 붕괴 사이에 밀접한 연관이 있다고 인식했다. 제2장에서 우리는 야코비가 칸트와 피히테를 비판하면서 처음 사용한

15. 도메니코 페티(Domenico Fetti, 1589~1624), 〈멜란코니아Melanconia〉

이 개념이 슈티르너, 도스토옙스키, 사르트르를 거치며 어떻게 변했는지 추적했다. 이제 니힐리즘으로 돌아가 이 개념을 조금 더 깊게 논하려 한다.

러시아 니힐리즘

니체가 이해한 니힐리즘은 제2장에서 도스토옙스키를 사례로 들어 넌지시 말한 러시아의 맥락—도스토옙스키가 말한 '페테르부르크식 니힐리즘'—에 놓고서 살펴봐야 한다. 니체는 러시아 소설가 이반 투르게네프(Ivan Turgenev)를 프로스페르 메리메(Prosper Mérimée)의 프랑스어 번역본으로 읽다가 니힐리즘 개념을 접했다. 우연찮게도 니체가 무척 좋아한 조르주 비제(Georges Bizet)의 1875년 오페라 〈카르멘Carmen〉의 리브레토의 토대가 된 것도 메리메의 1845년 동명 소설이었다—내가 보기엔 논란의 여지가 다분한 선택이지만, 그건 또 다른 이야기다. 니체의 손을 거쳐 니힐리즘은 완전한 철학적 진술과 명확한 표현을 부여받았다.

러시아적 맥락과 독일적 맥락의 차이점은, 독일식 니힐리즘은 대체로 형이상학적이거나 인식론적인 쟁점인 반면에 러시아식 니힐리즘은 분명히 사회정치적 차원이 더 강하다는 것이다. 이론의 여지는 있지만, 예술은 어떤 절대적인 아름다움을 표현하는 것이 아니라 역사의 특정한 시점에 특정한 계급의 이해관계를 대변한다고 주장함으로써 전통적인 심미적 가치들을 '무화(無化)'하려 시도한 니콜라이 체르니솁스키(Nikolay Chernyshevsky)로부터 니힐리즘 이야기는 시작된다. 이런 이유로 러시아적 맥락에서 니힐리즘의 문제틀은 급진적인 사회주의 정치, 엄청난 영향을 끼친 체르니솁스키의 1863년 소설 『무엇을 할 것인가?Chto delat'?』에서 명확히 표현된 정치와 밀접한 관련이 있다. 러시아 니힐리즘 정치의 전말을 이야기하려면 미하일 바쿠닌(Mikhail Bakunin)의 아나키즘적 국가 비판을 포함해야 할 테고, 그 절정은 레닌의 프로메테우스적 볼셰비즘과 1917년 10월 혁명일 것이다. 레닌이 당에 관한 자신의 정치적 비전과 '프롤레타리아트 독재'를 기술한 1902년 책의 제목 또한 『무엇을 할 것인가?』인 것은 우연이 아니다.

이런 의미에서 러시아 니힐리즘은 근본적으로 회의적·반심미적·공리주의적·과학주의적인 세계관의 표현이다. 이런 세계관은 투르게네프의 소설 『아버지와 아들Ottsy I Deti』(1862)에서 니힐리스트인 바자로프의 숙명을 통해 점잖지만 통렬한 자유주의적 비판을 받는다. 이 작품의 중심에 놓인 극적 분쟁은 서로 대립하는 두 세계관, 즉 아버지들(니콜라이와 파벨)의 낭만주의, 자유주의, 개량주의, 유럽 애호와 아들들(아르카디와 바자로프)의 실증주의, 공리주의, 급진주의, 러시아 민족주의 사이의 분쟁이다. 이는 밀이 말한 낭만주의 대 공리주의, 벤담 대 콜리지 분쟁의 러시아식 표현이다. 소설의 핵심 장면에서 니힐리즘을 폭력적인 반란의 힘이라고 모호하게 암시하는 가운데 바자로프는 이렇게 빈정댄다.

"우리 행위의 기초는 우리가 유익하다고 인정하는 것입니다. …… 요즘 우리가 할 수 있는 가장 유익한 일은 부정하는 것이죠. 그래서 우리는 부정합니다."
"모든 걸?"
"모든 걸요."
"뭐라고? 예술과 시만 거부하는 게 아니라…… 유감이구나……"
"모든 걸요", 바자로프는 이루 형언할 수 없을 만큼 태연하게 거듭 말했다.

투르게네프는 자유주의와 니힐리즘의 극적인 분쟁을, 설령 납득하기 어려울지 몰라도, 고전적인 방식으로 해소한다. 바자로프는 미망인 오딘초바—귀족이자 낭만주의적인 인물—를 강렬하게, 비이성적으로 짝사랑한 후에 집에 돌아와 아버지처럼 시골 의사로서 살아간다. 바자로프는 감염된 농민의 시체를 해부하다가 장티푸스에 걸리고 임종 자리에서 오딘초바에 대한 사랑을 고백하는데, 이는 결국 자살 행위(도스토옙스키가 말한 논리적 자살)나 마찬가지다. 요컨대 니힐리즘은 사랑의 힘으로 극복되고, 소설은 "영원한 화해와 끝이 없는 삶"이라는 기독교적 비전으로 끝이 난다.

니체의 니힐리즘

니체의 니힐리즘을 가장 간명하게 표현한 구절은 그의 유고 제1권 『힘에의 의지Der Wille zur Macht』에서 찾을 수 있다. 니체에게 니힐리즘이란 다음을 의미한다.

> 최고 가치들이 스스로를 탈가치화하는 것. 목표가 결여되어 있으며, '왜?'라는 물음에 대한 대답이 결여되어 있다.

여기서 강조해야 할 것은 "스스로를 탈가치화하는"이라는 재귀동사를 사용한다는 것이다. 니체는 최고 가치들이 비판을 통해 탈가치화된다고 주장하는 것이 아니다. 이는 야코비나 투르게네프의 논점에 해당할 것이다. 오히려 니체는 최고 가치들이 스스로를 탈가치화하는 일이 그것들의 전개 과정에 내재한다고 주장하는 것이다. 이 말을 니체의 가장 유명한 발언, 한때 베를린 장벽과 세계 곳곳의 화장실 벽에 휘갈겨 썼던 "신은 죽었다"와 나란히 놓을 수 있겠다. 이 발언은 신이 어떤 이유에서든 숨을 거두었다거나, 아무에게도 알리지 않은 채 우주의 뒷문으로 살그머니 빠져나갔다거나, 다른 어떤 신이 기존 신을 대체했다는 뜻이 아니다. 도리어 "우리가 신을 죽였다"라는 뜻이다. 신을 죽인 과실은 우리 인간에게 있다. 니힐리즘은 의미의 질서의 붕괴다. 그렇게 되면 칸트 이전 형이상학에서 가치의 초월론적 원천으로 상정했던 모든 것이 무효가 되고 공허해지고, 삶의 의미를 걸어둘 인식론적 갈고리가 사라진다. 삶의 의미를 옹호하는 모든 초월론적 주장들은 그저 가치들로 격하되고—칸트 철학에서 신과 영혼불멸은 순수한 실천이성의 요청으로 격하된다—그 가치들은 믿기 어렵게 되어 니체가 말한 '가치 전환'이나 '재평가'를 필요로 하게 된다.

러시아적·독일적 맥락이 어떤 영향을 끼쳤든 간에, 니힐리즘을 개념화한 니체의 순전한 대담성과 독창성은 반드시 강조해야 한다. 니체는 니힐리즘의 원인을 사회적으로도, 정치적으로도, 인식론적으로도, 심지어 생리학적으로도(즉, 종의 퇴화에 관한 어떤 이야기라는 관점에서도) 설명할 수 없다고 보았다. 오히려 니체는 그 원인이 세계에 관한 특수한 해석인 **기독교**에 있다고 생각했다. 니체가 보기에 '기독교 도덕에 의한' 세계 해석에는 세계에 의미를 부여하고 인간에게 가치를 부여하고 절망을 예방함으로써 니힐리즘의 해독제 역할을 한다는 뚜렷한 장점이 있었다. 그렇지만 니체에게 결정적인 점은 니힐리즘에 역설 혹은 적대가 내재한다는 것이다. 다시 말해 기독교 도덕적 세계 해석은 진리에 충실을 기하려는 의지에 의해 추동되지만, 이 진리에의 의지 자체가 결국에는 기독교적 세계 해석이 허위임을 발견하고서 그 해석에 등을 돌리게 된다. 달리 말하자면, 기독교적 형이상학은 우리가 여기 하계에서 살아가는 거짓된 생성의 세계와는 반대되는 참된 세계를 믿는다는 것이다. 그렇지만 신의 죽음에 대한 의식과 더불어 참된 세계는 꾸며낸 이야기임이 드러난다. 그 결과 세계를 도덕적으로 해석하거나 평가하려는 의지는 이제 허위를 향한 의지로 보이게 된다. 이것은 역설이다. 니체가 일찍이 『비극의 탄생Die Geburt der Tragödie』에서 서술한 고대의 비극과 마찬가지로, 기독교는 죽는다기보다는 자살하는 것이다. 그럼에도 단순히 살아가기 위해서라도 진리의 세계에 대한 믿음이 필요하다—이것이 난제다. 우리는 이 생성의 세계를 견딜 수 없기 때문이다. 니체는 이렇게 썼다.

> 그러나 이 세계가 심적 필요에 의해 만들어진 것에 불과하고, 이렇게 할 권리가 자신에게 전혀 없음을 인간이 깨닫는 즉시, 니힐리즘의 마지막 형식이 생겨난다. 그 형식은 어떠한 형이상학적

16. 군복을 입은 프리드리히 니체(1844~1900)

> 세계도 불신하고, 참된 세계에 대한 어떠한 믿음도 스스로 차단한다. 이 관점에 도달한 사람은 생성의 실재성을 유일한 실재성으로 인정하고, 배후의 세계나 거짓된 신성으로 향하는 온갖 샛길을 스스로 차단한다—그러나 이 세계를 부정하고 싶지 않은 사람일지라도 이 세계를 견뎌내기는 어렵다.

이 구절은 니체가 생각하는 니힐리즘의 핵심적 적대를 설명한다. 즉 그 적대는 "우리가 아는 것을 우리가 중하게 여기지 않는다는 것, 우리가 스스로에게 하고 싶어하는 거짓말을 중하게 여기는 일이 허용되지 않는다는 것"이다. 다시 말해 우리는 이 생성의 세계 너머에 있다는 진리의 세계를 더이상 믿을 수 없지만, 이 생성의 세계를 견딜 수도 없다. 또는 야코비의 피히테 비판을 떠올리게 하는 표현에 따르면 "자아주의적인 모든 것은 우리를 역겹게 해왔다(자아주의적이지 않기가 불가능하다는 것을 우리가 깨달을지라도). 필연적인 것은 우리를 역겹게 해왔다". 이 사나운 적대는 니체가 말한 "해체 과정"으로 귀결된다. 다시 말해 도덕적 가치들의 초라한 기원을 깨달을 때, 기독교 도덕적 세계 해석이 어떻게 허위에의 의지에 의해 추동되는지 깨달을 때, 우리의 반작용적 대응은 존재의 무의미함을 선언하는 것이다. 바로 이 무의미함에 대한 선언이 니체가 생각하는 니힐리즘이다. 니체는 발생기의 니힐리즘에 세

가지 형식이 있음을 간파했다.

1. 쇼펜하우어의 염세주의. 니체는 이를 "수동적 니힐리즘"이라고, 또는 더 악의적으로 "유럽 불교"라고 부른다. 이 형식에 따르면, 만약 나의 기존 형이상학적 신념의 핵심에 공(空)이 있다면, 그 공을 긍정하고 요가든 종이접기든 뭐든 시작하는 편이 낫다.
2. 러시아 아나키즘 또는 "능동적 니힐리즘". 앞에서 투르게네프의 작품에서 살펴보았던 이 형식을 니체는 그저 "생리적 퇴화의 표현"으로 본다. 이 형식에 따르면, 만약 나의 기존 형이상학적 신념의 핵심에 공이 있다면, 나는 난폭하게 창조적 테러 행위를 하면서 주변의 모든 것을 계속해서 파괴할 수 있다. (니힐리즘 내부의 이런 추세를 우리는 다양한 극단주의적 정치 운동들에서 감지할 수 있다. 이를테면 1960년대에 파리에서 상황주의자들은 사회란 구경거리, 속 빈 강정에 불과하므로 정치적 과제는 이 사실을 다양한, 대개 고도로 심미화된 정치적 행위로 공표하는 것이라고 주장했다. 상황주의자들의 유명한 구호 중 하나는 "포석鋪石 아래 해변 있다"였는데, 이는 경찰을 향해 그 포석을 던져서 해변을 드러내야 한다는 것을 함의했다.)
3. 전반적으로 지치고 무감각하고 기진맥진하고 피곤한 문

화적 분위기. 니체는 이를 기억에 남을 만한 문구로 요약했다. "현대 사회는…… 더는 **배설할** 힘도 없다." 이 형식에 따르면, 만약 나의 형이상학적 신념의 핵심에 공이 있다면, 나는 그저 어깨를 으쓱하고서 "뭐 괜찮아, 원래 그런 거지"라고 투덜대는 편이 낫다. 우리는 이를 '안락의자 니힐리즘'이라고 생각할 수 있으며, 고전적인 사례는 〈곰돌이 푸Winnie the Pooh〉에 나오는 당나귀 이요르(Eeyore)다.

그렇지만 여기서 파악해야 하는 본질적인 논점은 니힐리즘이 기독교 도덕적 세계 해석을 단순히 부정한다는 것이 아니라, 그런 부정의 **귀결**이 무엇이냐는 것이다. 니체가 보기에 우리는 세계에 의미를 부여하기 위해 사용해온 범주들이 무의미하다는 것을 깨달을 때 심리적 상태로서의 니힐리즘에 이른다. 이는 결코 세계가 무의미하다는 뜻이 아니라 "이성의 범주들에 대한 신념이 니힐리즘의 원인"이라는 뜻이다—이렇게 말하면서 니체는 칸트를 암시했을 것이고, 야코비를 어렴풋이 떠올렸을 것이다. 따라서 니체의 시각에서 보면, 니힐리즘은 칸트의 형이상학 비판의 예상치 못한 귀결이다. 다시 말해 니힐리즘은 도덕적 가치 평가의 귀결이다. 나의 가치들은 더이상 이 세계에서 한자리를 차지하지 못한다—근대 스토아주의자의 이런 자기소외를 가리켜 헤겔은 조롱하듯이 "도덕적 세계관"이라고 불렀다.

그런데 이런 입장은 수동적 니힐리즘의 체념으로 나아갈 **수도 있고**, 능동적 니힐리즘의 열광적인 망상으로 나아갈 **수도 있다**. 그러나 가치들을 재평가해야 한다는 요구로, 상황이 달라져야 한다는 변혁적·해방적 요구로 나아갈 수도 있다. 니체의 저술에서 니힐리즘 진단은 니힐리즘을 극복해야 한다는 요구를 동반하며, 이런 요구는 20세기 내내 대륙사상가들을 나타내는 상징이었다. 니체의 저술을 규정하는 것은 니힐리즘에 대한 저항이다. 이런 이유로 니체는 절망에 빠지거나 어떤 새로운 신을 발명하여 그 앞에 무릎을 꿇지 않고도 이 생성의 세계를 견디게 해줄 새로운 범주들과 새로운 가치들이 우리에게 필요하다고 되풀이해 역설한다.

내 생각에는 이것이 니체의 저술에서 수수께끼처럼 보이는 **영원회귀** 학설의 기능, 즉 "의미도 목적도 없음에도 무(無)로의 결말 없이 불가피하게 회귀하는 있는 그대로의 존재"에 관한 학설의 기능이다. 니체는 영원회귀 개념으로 범신론의 반(反)테제를 시도하고 있다고 강조한다. 다시 말해 범신론이 만물에 신이 임재한다는 사상이라면, 영원회귀는 시종일관 신이 없는 우주를 생각하려는 시도다. 니체에게 무신론은 단순한 사실 진술이 아니다. 무신론은 인간이 굽실거리곤 하는 우상들로부터 인간을 자유롭게 하려는 상당한 노력의 귀결이기도 하다.

다른 이들은 동의하지 않을 테지만, 나는 니체의 영원회귀 개념을 일종의 초(超)칸트적 사유실험으로 본다. 칸트 윤리학의 토대는 순수하고 숭고한 의무이며, 이 의무는 어떠한 경험적 관심에도 근거할 수 없고, 행복과 같은 목표를 위한 수단으로 볼 수도 없다. 덕의 보상은 덕 그 자체여야 한다. 그럼에도 칸트의 윤리학은 순수한 실천이성의 요청으로서 신과 영혼불멸을 포함한다. 따라서 어떻게 보면 우리의 도덕적 행위와 먼 장래에 행복을 누리며 덕을 보상받을 것이라는 전망이 연결될 여지가 남아 있는 것이다. 니체는 칸트의 이런 사상을 칸트보다 더 칸트답게 바꾼다. 니체가 보기에 신은 없고, 영혼불멸 관념은 고약한 농담에 지나지 않는다. 그렇지만 니체가 영원회귀 사상으로 우리에게 요청하는 것은 신학적 의미가 없는 우주, 스스로를 끝없이 되풀이할 것이라는 형이상학적 보장이 없는 우주에 존재하는 우리를 상상하는 일이다. 그리고 우리가 이 사상을 감당할 수 있다면, 다시 말해 이런 사태를 알면서도 **긍정**할 수 있다면, 기독교 도덕적 세계 해석이 함축하는 니힐리즘을 마침내 극복했다고 말해도 괜찮을 것이다.

계몽주의의 변증법

요약하겠다. 역사적·사회적 조건에 니힐리즘 진단을 내리는 이유는 다음과 같은 이중의 실패 때문이다.

1. 근대성 또는 계몽주의의 가치들은 도덕적·사회적 관계망과 연결되지 않고, 일상생활의 소재와도 연결되지 않는다. 다시 말해 그 가치들은 새로운 신화적 또는 이성적 총체성, 「체계-계획」(부록 참조)의 저자들이 필요하다고 말한 **이성의 신화**를 산출하는 데 실패한다. 달리 말하면, 칸트는 우리에게 일련의 화해될 수 없는 이원론들을 남겨주었다. 계몽주의의 도덕적 가치들은 어떠한 실효성도 없고, 사회적 실천과의 어떠한 연계도 없다(이것이 하만과 헤겔이 칸트를 비판한 핵심적 이유이며, 계몽주의의 가치들을 부르주아지의 가치들로 여긴 청년기 마르크스가 이 비판을 계승했다).
2. 그런데 계몽주의의 도덕적 가치들은 도덕적·사회적 관계망과 연결되는 데 실패할 뿐만 아니라, 설상가상으로 막스 베버라면 합리화, 마르크스라면 자본화, 아도르노와 호르크하이머라면 도구적 합리성, 하이데거라면 존재의 망각이라고 불렀을 법한 과정을 통해 그 관계를 점차 쇠퇴시키기까지 한다. 상술한 내용이 계몽주의의 숙명적

이고 역설적인 변증법이다. 내가 보기에 이것은 야코비의 핵심적 통찰이며, 내가 이제까지 말한 이야기를 통해 우리는 이 변증법의 전개를 살펴보았다.

조금 더 호기롭게 표현하자면, 철학적 근대성의 문제는 이제껏 말해온 대로 계몽주의의 가치들이 일상생활을 파악하는 데 실패할 뿐만 아니라 일상생활을 점차 해체하기까지 한다는 것을 목격한 마당에 어떻게 니힐리즘이라는 문제에 대처하느냐는 것이다. 내가 보기에 대륙철학자들은 하버마스와 데리다처럼 이 문제에 대응하는 새로운 방법을 찾으려 애쓰는 식으로든, 로티처럼 이 문제를 제기하는 역사적·철학적 용어들을 거부하는 식으로든, 이 문제로 몇 번이고 되돌아온다.

철학과 비철학

물론 철학에서 니힐리즘과의 대결이 그렇게 간단하지 않다는 난제는 아직 남아 있다. 니체, 하이데거, 아도르노처럼 각양각색인 사상가들이 인정한 대로, 철학이 다름 아닌 니힐리즘을 만들어내는 힘들과 공모해왔음을 인정한다면 말이다. 니체가 보기에 철학은 니힐리즘적이다. 철학은 기독교 도덕적 세계 해석의 금욕주의와 원한(ressentiment)으로 가득차 있다. 앞으로 살펴볼 것처럼 하이데거가 보기에 전통 철학은 충족이유율[모든 것에는 이유나 원인이 있다는 원리—옮긴이]의 핵심에 아무것도 없음을 전혀 알고자 하지 않는다. 아도르노가 보기에 철학은 물화되고 상품화된 자본주의 사회의 추상화와 공모하는, 이데올로기적인 추상화 담론이 될 위험이 있다.

그렇다면 니힐리즘에 어떻게 대응할 것인가? 이것이 문제다. 다른 철학자들처럼 나도 이 문제에 관해 나름대로 생각하는 바가 있다. 이제까지 내가 입증하고자 한 것은, 지난 두 세기 동안 아리아드네의 실타래처럼 지적인 미로를 통과해온 칸트 이후 대륙철학의 실질적인 문제틀이 니힐리즘에 대한 대응이었다는 것이다. 이런 이유로 대체로 대륙철학은 근대의 위기에 대응할 수 있을 법한 비철학적 담론과 실천을 모색한다. 니체는 고대 아티카 희랍인들의 비극적 사유에서, 하이데거는 시적(詩的) 창조에 관한 명상적 숙고에서, 아도르노는 하이모더니즘[high modernism, 모더니즘의 한 형식으로, 과학과 기술에 대한 강력한 신념을 특징으로 한다—옮긴이] 예술의 자율성에서, 마르크스는 정치경제학에서, 프로이트는 정신분석 진료에서 위기에 대응할 자원을 구한다. 여기서 요점은 대부분의 대륙철학이 예술이든 시든 정신분석이든 정치든 경제든 비철학과의 관계에 관심을 쏟는 이유에 대한 설명을 니힐리즘이라는 문제틀로 시작할 수 있다는 것이다.

진보적 모더니즘과 반동적 모더니즘

니체 이후 니힐리즘에 대한 이런 관심은 두 갈래로 나뉘어, 근대 세계의 위기를 서로 다르게 성찰하는 두 전통이 되었다. 하나는 **진보적** 모더니즘, 다른 하나는 **반동적** 모더니즘이라 부를 수 있다. 헤겔을 급진적으로 계승한 루트비히 포이어바흐와 청년기 마르크스 같은 이들에 뒤이어, 근대성에 대한 철학적 비판은 한편으로는 베버와 게오르크 지멜(Georg Simmel) 같은 사상가들이 명확히 표현한, 근대성에 대한 독일의 사회학적 비판과 융합했다. 생식력 강한 이 전통은 이른바 '서구 마르크스주의'로, 그리고 1930년대의 제1세대 이래 프랑크푸르트 학파로 면면히 이어지고 있다. 오늘날 근대성에 접근하는 이 노선의 가장 두드러진 대변자는 하버마스인데, 의미심장하게도 그는 프랑크푸르트 대학에서 철학 **겸** 사회학 교수였다. 이 전통은 하버마스의 프랑크푸르트 대학 후임인 악셀 호네트(Axel Honneth)의 작업을 통해 오늘날까지 계속되고 있다. 방법론 면에서 이 전통의 특징은 철학과 사회학이 서로를 비옥하게 한다고 믿는 것이다. 다시 말해 철학 범주들은 실효성을 획득하기 위해 사회학의 중재를 필요로 하고, 사회학 조사는 실증주의로 와해되는 사태를 예방하기 위해 비판적이고 반성적인 철학을 필요로 한다. 정치적으로 이 진보적 모더니즘 전통은 마르크스주의든 사회민주주의든 다양한 좌파 사조들과 연대해왔다.

다른 한편으로, 오스발트 슈펭글러(Oswald Spengler), 카를 슈미트, 에른스트 윙거(Ernst Jünger) 같은 사상가들에게서 찾아볼 수 있는 더욱 보수적인 근대성 비판이 있다. 슈펭글러의 정식화에 따르면, 서구는 로마 제국 말기처럼 되돌릴 수 없는 쇠퇴기에 접어든 '늙어가는 문화'다. 쇠퇴와 몰락의 서사라는 관점에서 사회를 비판하는 이 전통을 철학적으로 이어가는 사례는 하이데거에게서, 특히 1940년대 후반과 1950년대에 기술에 관해 성찰한 그의 글에서 찾아볼 수 있다. 그런데 이런 비관적인 문화 비판 전통을 (아마도 뜻밖일 텐데) 비트겐슈타인에게서도 찾아볼 수 있다. 비트겐슈타인은 『문화와 가치 Culture and Value』〔원제는 Vermischte Bemerkungen—옮긴이〕 같은 글에서 자신이 슈펭글러의 영향을 강하게 받았음을 보여준다. 진보적 모더니즘의 방법론은 철학과 사회학의 상호 의존에 근거하는 것과 반대로, 반동적 모더니즘은 사회학을 타락한 근대 민주주의의 표현으로 여기며 비난하는 입장을 취한다. 다시 말해 철학 범주들을 사회 분석에 직접 적용하여 어지러울 정도로 비관적인 문화적 진단을 내놓을 수 있다는 입장이다. 여기서도 하이데거가 다시 한번 고전적인 실례를 제공한다. 하이데거는 존재를 망각해온 형이상학의 역사에 관한 테제를 단순히 확장하여, 모든 면에서 기술적 세계상(像)의 지배를 받는 일상생활을 문화적으로 비판한다. 이 세계상은 동일한 망각의 사회적 표현이며, 이런 상황을 가리켜 하이데거는 "불모지가 늘어난다"라고 탄식한다. 반동적 모더니즘의 정치적 귀결로서 하이데거가 나치즘에 협력한 전력은 잘 알려져 있다. 하이데거를 비롯해 슈미트와 윙거 같은 이들은 그 기간이 얼마나 짧았건 간에 나치즘에서 니힐리즘을 타도할 실천적 가능성을 보았다. 말할 나위도 없이, 나는 이런 방식이 이 장의 제목으로 제기한 문제에 대응하는 솔깃한 방식이라고 생각하지 않는다.

나의 논점은, 정치적 관점이 정반대이고 중요한 방법론적 의견 차이가 있음에도, 반동적 모더니즘과 진보적 모더니즘 둘 다 니힐리즘이라는 문제틀에 대응하는 방법이라는 것이다. 두 모더니즘은 내가 말한 위기의 생산에 관여하는 것이 철학의 소임이라고 믿는다는 점에서 의견을 같이한다. 다시 말해 철학은 현존하는 사회적 실천, 자유롭지 못하고 정당하지 못한 갖가지 실천에 대한 비판으로서, 개인 또는 집단의 해방이라는 어떤 목표를 열망한다. 두 전통은 그런 해방의 요체가 무엇이냐는 문제를 둘러싸고 의견을 달리한다—이 점에서는 완전히 다르다.

제 6 장

오해에 관한 사례연구: 하이데거와 카르나프

아무 의미도 없는 말을 하는 것은 철학자답지 않은 일이다.

—조지 버클리

제3장에서 나는 서로 대립하는 두 철학 전통 사이의 오해를 이해하는 최선의 길은 '두 문화' 모델의 관점에서 이해하는 것이라고 주장했다. 이 모델에 따르면, 분석철학과 대륙철학은 특정한 문화의 철학적 자기이해를 구성하면서도 서로 대립하는, 실은 적대하는 두 사고습관—벤담주의적-경험주의적-공리주의적 사고습관과 콜리지주의적-해석학적-낭만주의적 사고습관—의 표현으로 볼 수 있다. 우리는 밀과 스노의 글을 통해 '영국성'과 같은 것을 어떻게 이 적대의 관점에서 이해할

수 있는지, 아울러 분쟁하는 양쪽이 적어도 서로 이야기하는 데 동의한다면 이 적대가 실은 생산적인 적대가 될 수도 있음을 살펴보았다.

이제 나는 두 전통 사이의 오해와 관련하여 특정한 사례, 즉 하이데거와 카르나프의 사례를 고찰함으로써 이 사유 노선을 조금 더 깊게 탐구하고자 한다. 본질적으로 이 사례는 카르나프와 빈 학단이 주창한 과학적 세계 파악과 하이데거의 실존적 또는 '해석학적' 세계 경험 사이의 논전이다. 이 논전은 뒤이은 철학의 전개에 대단히 중요했다. 예를 들어 에이어는 하이데거에 대한 카르나프의 견해를 배경으로 삼아 영국에서 논리실증주의로 형이상학을 제거하려 시도했고, 제2차세계대전 이후 미국에서 카르나프는 특히 가장 유명한 제자 W. V. O. 콰인(Willard Van Orman Quine)을 통해 분석철학이 전문 분과로서 발전하는 데 심대한 영향을 끼쳤다. 또한 에이어는 다른 면에서는 유익한, 20세기 철학을 소개하는 얇은 책에서 하이데거의 1929년 강의〔'형이상학이란 무엇인가?'—옮긴이〕를 피상적으로 독해한 것에 근거하여 "허풍이라고 묘사해도 무방할 만한 일"을 하고 있다고 하이데거를 비난했다. 그리고 제2차세계대전 이후 영국 철학이 십중팔구 '비트겐슈타인 이후 철학'이라고 불렸던 것과는 달리, 콰인은 1970년 카르나프의 죽음을 추도하는 글에서 같은 시기 미국 철학을 '카르나프

이후 철학'이라고 평했다. 유럽 대륙에서는 의심할 나위 없이 하이데거가 배후의 주된 착상원으로서 한스게오르크 가다머(Hans-Georg Gadamer)와 한나 아렌트 같은 독일 학생들과 사르트르, 라캉, 푸코, 데리다 같은 두 세대의 프랑스 사상가들에게 영향을 끼쳤다. 최근에는 분석철학자들과 대륙철학자들 사이의 오해가 하이데거와 카르나프의 흥미로운 교착 상태로까지 거슬러올라갈 수 있는 만큼, 이를 어느 정도 자세히 살펴볼 필요가 있다.

무(無)에서는 아무것도 생기지 않는다

1929년 7월 24일 마르틴 하이데거는 프라이부르크 대학에서 철학 교수 취임 강연을 했다. 당시 하이데거는 39세였고 지적 활력의 정점에 있었다. 하이데거는 마르부르크 대학에서 엄청나게 생산적인 몇 년을 보낸 뒤 모교로 돌아와 물러나는 스승 에드문트 후설(결국에는 갈라섰지만)의 교수직을 차지했다. 하이데거 개인에게는 분명 승리의 순간이었다. 취임 강연의 제목은 청중을 속여넘길 만큼 간단한 '형이상학이란 무엇인가?'였으나 그 내용은 결코 간단치가 않았다. 일화(십중팔구 사실이 아닌)에 따르면 하이데거의 사상에 익숙하지 않은 이들에게 틀림없이 고된 지적 경험이었을 강연의 막바지에 침묵

17. 루돌프 카르나프(1891~1970)와 아내 이나(Ina), 1933년 프라하

이 흐르는 가운데 "하이데거 씨, 형이상학이란 무엇입니까?"라는 질문이 나왔고, 하이데거는 "좋은 질문입니다!"라고 말했다고 한다.

그런데 형이상학이란 무엇인가? 니체의 유명한 정의에 따르면 형이상학이란 세계를 둘로 나누는 것이다. 다시 말해 철학 이전 시기 신화적 세계 경험의 통일성은 플라톤과 더불어 존재의 영역과 현상의 영역, 실재의 영역과 외양의 영역, 초감각적인 것의 영역과 감각적인 것의 영역으로 갈라졌다. 하이데거는 이것이 틀렸다고 생각하지는 않지만, 분명히 더욱 아리스토텔레스적인 형이상학 이해로 되돌아가고자 한다. '형이상학'이라는 낱말 자체는 아리스토텔레스가 사용한 것이 아니라, 기원전 1세기에 로도스의 안드로니코스가 알렉산드리아 도서관에서 아리스토텔레스의 저작을 분류한 방법에서 유래한 용어다. 아리스토텔레스의 저작을 분류할 때, 그러니까 도서관 서가에 저작을 배열할 때 안드로니코스는 먼저 『시학』과 『아테나이 헌정』, 정치적 문헌, 도덕적 문헌, 논리학적 문헌, 수사학적 문헌 등을 두었다. 그런 다음 자연학 저작을 몇 권 두었고, 그 뒤에 기존 체계 안에서는 분류할 수 없는 문제들을 다룬, 아리스토텔레스가 서명한 일련의 저작들을 두었다. 이 책들은 '자연학(physics) 뒤(meta)의 것〔metaphysics, 형이상학—옮긴이〕'이라고, 희랍어로는 '타 메타 타 피시카(ta meta

18. 놀란 표정의 마르틴 하이데거(1889~1976)

ta physika)'라고 불렸다.

그러나 아리스토텔레스의 입장에서 보면, 뒤쪽에 놓이는 저작들은 다른 모든 탐구 영역을 뒷받침하는 제1원리들을 다룬다는 의미에서 제일 앞에 놓이는 저작들이기도 했다. 철학의 이 근본적인 분야를 가리키는 아리스토텔레스의 용어는 형이상학이 아니라 '제1철학(philosophia prote)'이었다. 아리스토텔레스는 존재 자체를 다루는 학문 또는 앎(episteme)의 영역이 있다고 생각했다. 다시 말해 그 학문은 사물들의 어떤 특수한 영역, 이를테면 생명체(생물학)나 인간 사회(정치학) 등의 존재가 아니라 보편적이고 일반적인 존재 자체를 다룬다. 하이데거가 처음부터 끝까지 강박적으로 사유한 관심사는 존재의 문제, 형이상학적 탐구를 통해 제기하는 문제다. 하이데거는 존재자들 또는 사물들의 어떤 특정한 영역과도 연관되기 이전의 존재 자체에 관심을 기울인다. 이처럼 존재 자체와 존재자들의 특정한 영역들 사이에 유지되는 간극을 하이데거는 '존재론적 차이'라고 부른다.

그렇다면 하이데거는 형이상학자인가? 그렇기도 하고 아니기도 하다. 카르나프와 빈 학단에 하이데거는 확실히 형이상학자로 보이며, 그들의 이 판단은 옳기도 하고 그르기도 하다. 하이데거는 철학의 물음들—아울러 그에게는 철학의 고유한 물음인 존재 물음—을 과학적 탐구로 환원할 수는 없다고 확신한다. 그러므로 형이상학을 논리 분석으로 대충 얼버무릴 수는 없다. 하이데거가 고대 희랍 철학의 가장 근본적인 물음인 존재 물음을 되살린다고 볼 수도 있다. 그렇지만 하이데거는 플라톤부터 현재까지 존재 자체의 의미를 규정하려던 모든 체계가 존재 **물음**의 급진성과, 이 물음과 시간이라는 주제 사이의 내재적 연관성—그의 대표작의 제목이 『존재와 시간』인 이유가 여기에 있다—을 간과해왔다고 믿는다는 점에서 형이상학자가 아니다. 하이데거에게 "물음은 사유의 경건함이다". 종래의 형이상학은 존재 물음에 다양한 방식으로 답하려 시도해왔다. 플라톤은 '형상(形相)'론으로, 즉 한 사물에 대한 앎은 그 사물의 형상에 대한 앎이라는 이론으로 존재 물음에 답했다. 아리스토텔레스는 '실체'론으로 답했고, 토마스 아퀴나스(Thomas Aquinas)는 '자기원인', 즉 신과 연관지어 답했고, 헤겔은 존재란 '정신'이라고, 니체는 '힘에의 의지'라고 답했다. 하이데거에게 형이상학의 역사는 '존재의 역사', 플라톤에서 시작해 플라톤주의를 도치한 니체에 이르기까지 철학의 기본 물음에 내놓은 일련의 답변들이다. 그러므로 존재 물음을 급진적으로 제기하는 것은 형이상학을 의문시하고 '극복'하려는 것이다. 그렇지만 하이데거와 카르나프 둘 다 '형이상학 극복'이라는 상투적 표현을 사용한다 해도, 이 표현이 의미하는 바는 저마다 현저히 다르다.

빈 학단의 기본적인 지향은 이 학단의 걸출한 일원인 오토 노이라트(Otto Neurath)의 문구로 표현할 수 있다. 바로 '형이상학에서 자유로운 과학'이다. 철학은 과학의 조수로서 경험과학의 명제와 방법을 논리적으로 규명하는 작업만 한다. 더 나아가 빈 학단은 철학적 테제를 제시하지 않은 채 그저 경험과학의 명제를 규명하고 전통 형이상학의 주장을 비판한다는 의미에서, 철학을 전혀 실천하지 않는다고 주장할 수도 있다. 노이라트는 이렇게 썼다. "단일한 경험과학에 속하는 다양한 분야들의 옆쪽이나 위쪽에 자리하는 기본적 또는 보편적 학문으로서의 철학 따위는 없다." 여기서 "단일한 경험과학"은 과학적 세계 파악을 규정하는 뚜렷한 목표, 즉 노이라트가 말하는 '통일과학'을 가리킨다. 니체의 형이상학 정의를 상기시키는 통일과학에 따르면, 과학적 세계 파악은 신화적 세계관이 향유했던 경험의 통일성을 회복할 것이다. 노이라트는 이렇게 사색했다.

과학적 세계 파악의 대변자들은 단순한 인간 경험이라는 토대에 입각한다. 그들은 형이상학과 신학의 잔해를 제거하는 과업에 자신 있게 접근한다. 혹은 누군가의 표현대로 형이상학적 막간 이후에 이 세계에 관한 통일된 상(像)으로 되돌아온다. 어떤 의미에서 이 상은 아득한 옛날부터 신학에 구애받지 않는 마술적 믿음의 기반이었다.

이 과학적 세계 파악과의 관계에서 형이상학의 명제들은 거짓이라기보다는 그저 무의미한 편에 더 가깝다. 다시 말해 그 명제들에는 인지할 내용이 없다. 그 명제들은 정당한 감정을 표현한 것이기는 하지만, 그런 감정을 표현할 적절한 수단은 철학이 아니라 예술이나 음악이나 시가 되어야 한다. 이런 이유로 카르나프는 "형이상학자들은 음악 재능이 없는 음악가들이다"라고 잘라 말했다.

그런데 하이데거는 철학을 이렇게 파악하는 입장과 극명히 반대되는 입장에 서서 학문/과학(science)에 맞서 형이상학을 옹호하고자 한다. 1929년 강의에서 하이데거가 제기한 물음은 간단하고도 강력하다. "학문이 우리의 정열이 된 때에 우리 존재의 근본 바탕에서 우리에게 무슨 일이 일어나고 있는가?" 하이데거의 대답은 학문이 우리의 정열이 되면 지식의 다양한 영역들이 파편화·전문화되어 결국 학문 활동의 형이상학적 바탕이 위축된다는 것이다. 하이데거는 강연 말미에 다음과 같이 단정적으로, 그리고 적잖이 거창하게 말한다.

> 학문은 형이상학이라는 바탕 위에 있어야만 자신의 본질적인 과제를 언제나 새로운 방식으로 수행할 수 있다. 그 과제는 지식의

조각들을 축적하고 분류하는 것이 아니라, 자연과 역사 안에서 진리의 전체 영역을 언제나 새로운 방식으로 현시하는 것이다.

학문은 형이상학에 바탕을 두어야 한다. 여기까지는 분명히 알겠다. 그런데 이 바탕이 정확히 무엇인가? 자, 그것은 무(無)다. 그러나 무에서는 아무것도 생기지 않는다. 그렇다면 이것은 무엇을 의미할 수 있는가? 이렇게 물음으로써 우리는 하이데거가 숙고한 핵심적이고도 논쟁적인 물음, 카르나프라면 악의적으로 비꼬았을 무에 관한 물음에 이른다. 이제 바로크 양식처럼 복잡한 하이데거의 산문에서 중심적 사유를 뽑아서 말해보겠다. 강의 도입부에서 하이데거는 특수한 학문들이 사물들의 특정한 영역을 다룰 뿐 그 외에는 아무것에도 관심을 두지 않는다는, 논란의 여지가 별로 없는 주장을 편다. 다시 말해 학문은 사물들 또는 존재자들에 관한 모든 것을 알고자 하지만 그 외에는 전혀 관심이 없다. 하이데거는 그렇다면 "무는 어떠한가?"라고 삐딱하게 묻는다. 하이데거의 주장은, 학문은 이 무에 관해 아무것도 알고자 하지 않는 반면에 제대로 된 형이상학은 무엇보다 이 무에 관심을 둔다는 것이다. 카르나프가 강연장 뒤편에 있었다면 십중팔구 남학생처럼 낄낄댔을 것이다. 하이데거를 비판하는 카르나프의 주된 논점은 논리적 일관성을 갖춘 언어에서는 그 물음("무는 어떠한가?")이 형성될 수조차 없다는 것인데, 그 물음이 부정(否定)을 일종의 그럴싸한 명사로 바꾸어놓기 때문이다. 그런 물음이 형성될 수 있다는 사실 자체가 형이상학이 일상언어에 내재하는 모호한 측면들을 양분으로 삼는다는 것, 논리적 개혁을 통해 형이상학을 제거해야 한다는 것을 입증하는 증거다. 그러한 논리적 언어 개혁은 빈 학단의 초기 프로그램의 일부였다.

뒤이어 하이데거는 무에 관한 이 물음을 전통 논리학이 어떻게 이해하는지 살펴본다. 논리학의 기본 법칙은 무모순율, 즉 어떤 것이 A인 동시에 A가 아닐 수 있다는 말은 모순이라는 것이다. 이 원리에 따라 논리학은 not-X가 X의 부정인 것처럼 '무'를 존재하는 것 또는 존재자의 부정으로 여긴다. 따라서 무에 관한 형이상학적 물음은 부정 문제가 된다. 논거랄 만한 것을 별반 제시하지도 않은 채 하이데거는 "무는 '아님'과 부정보다 근원적이다"라고 말한다. 카르나프라면 이 말에 이의를 제기할 테지만, 여기서 하이데거는 '무'를 부정으로 여기는 논리적 입장은 지성을 사용해 부정을 이론적으로 생각하는 입장이라는 뜻으로 말하는 듯하다. 강의에서 하이데거의 논점(『존재와 시간』에서 인상적으로 상술하는 논점)은 지성적인 방식 외에 사물들을 생각하는 다른 방식들이 있다는 것이다. 하이데거는 사물들을 이론적으로 현시하기에 앞서 그가 말하는 '기분'—아리스토텔레스의 파토스(pathos) 개념의 번역어—안에서 정서적 혹은 감정적 개시가 일어난다고 주장한다. 예컨대 사람은 우울하든 신나든 그냥 무심하든 언제나 어떤 기분 속에 있고, 이런 기분이 그가 사물들을 바라보는 방식을 결정한다. 하이데거가 보기에 그런 기분을 한낱 느낌으로, 이성 일색인 우리의 정신생활에 다른 색을 입히는 일종의 심리적 채색으로 이해할 수는 없다. 기분은 인간이 세계에서 자신의 삶을 경험하는 방식을 규정한다.

그렇다면 무에 관한 물음은 이제 "무를 드러내 보이는 기분이 있는가?"가 된다. 하이데거는 그렇다고 답하며, 이것이 **불안**, 독일어로 앙스트(Angst)의 기능이라고 주장한다. 그런데 분명히 우리는 언제나 이러저러한 대상 때문에, 이를테면 시험 때문에, 거미나 쥐 등에 대한 병적인 두려움 때문에 불안해한다. 그런 특수한 불안에 붙일 가장 적절한 이름은 불안이 아니라 **두려움**이라고 하이데거는 역설한다. 그 원인(거미, 쥐, 시험)을 없애면 두려움도 사라진다. 불안에 관한 하이데거의 논점은 불안이 우리 존재의 으스스한 배경 잡음처럼 줄곧 모든 두려움에 앞선다는 것이다. 그렇다면 불안은 이것이나 저것에 대한 불안이 아니라 인간의 존재 전체에 대한 불안이다. 불안 속에서 우리에게 일어나는 일은—여기서 하이데거의 산문은 굉장한 묘사의 힘을 보여준다—특수한 것들이 손아귀에서 전부 미끄러져 빠져나간 뒤 홀로 남겨져 낯설고 으스스한 기분을 느끼는 것이다. 불안의 귀결인 으스스함을 경험하는 가운데, 불안의 소산인 고요와 심지어 적막 속에서, 우리는 모든 사물에 무의 성질이 있음을 느끼고서 라이프니츠가 처음 제기한 형이상학적 물음을 시작한다. "어째서 아무것도 없지 않고 무엇인가가 있는가?"

따라서 하이데거가 보기에 불안을 경험하는 가운데 개시되는 무는 존재의 의미에 관한 형이상학 **고유의** 물음을 제기하도록 우리를 이끈다. 이상하게 들리겠지만, 하이데거는 무에 관한 물음에서 형이상학의 심장부로 곧장 나아가고, 그러한 탐구는 빈 학단이 주장한 과학적 세계 파악으로 환원할 수 없다. 철학은 본질적으로 형이상학이고, "학문의 이념의 척도로는 결코 철학을 측정할 수 없다". 하이데거는 이렇게 결론짓는다. "인간 현존재는 자기 자신에게서 빠져나와 무와 대면해야만 존재자들을 향해 나아갈 수 있다. 넘어섬은 현존재의 본질 안에서 일어난다. 그런데 이 넘어섬은 형이상학 자체다." 학문은 형이상학에 근거해야만 한다.

노란 책자

1929년은 철학사에서 바쁜 해였다. 1929년 9월 15~17일, 하이데거가 강연을 하고 두 달도 지나지 않은 때에 프라하에서 에른스트 마흐 협회의 모임이 열렸다. 참석자들은 협회의 막후 실력자인 모리츠 슐리크(Moritz Schlick, 1882~1936)에게 선물을 주기로 결정했으며, 그 선물과 더불어 협회는 빈 학단이라는 이름을 얻었다. 슐리크는 스탠퍼드 대학에 객원교수로 가 있다가 이제 막 본 대학의 교수직 제안을 거절한 참이었다. 그 선물은 짧은 텍스트로서 본질적으로 선언문이었고, 「과학적 세계 파악. 빈 학단」이라고 불렸다. 이 텍스트의 본론은 익명으로 쓰였지만, 서문에는 학단의 일원인 한스 한(Hans Hahn), 오토 노이라트, 루돌프 카르나프가 서명을 했다. 세 사람의 이름이 적혔지만 서문 내용의 급진주의와 산문의 논쟁적인 어조는 논리실증주의자들 중에서 정치적 활동에 가장 열심이었던 노이라트의 견해를 반영한다. 이때 이후로 이 작은 텍스트는 '노란 책자'라고 알려지기 시작했다.

그 이후에 분석철학의 보수주의가 대체로 빈 학단에서 영감을 받았다고 주장했음을 감안하면, 가장 놀라운 점은 그 텍스트의 거칠다 싶을 만큼 급진적인 정치적 성격이다. 과학적 세계 파악은 철학과 정치의 반동적인 형이상학적·신학적 경향들과 충돌한다. 노란 책자의 저자들이 보기에 빈 학단은 형이상학을 거부하고 경험과학을 포용함으로써 "근대를 직시한다". 이런 전개와 근대 생산과정의 해방적 잠재력 사이에는 보기에 따라 마르크스를 연상시키기도 하는 내재적 연관성이 있다. 빈 학단은 "대중의 사회주의적 태도가 현실에 입각한 경험주의적 견해로 나아가는" 한, 대중과 함께한다는 입장이다. 노란 책자는 학문들의 다양한 진전에 대한 빈 학단의 견해를 추적하는 짧지만 설득력 있는 이야기를 들려주고, 반과학적이고 형이상학적인 경향들을 논박한다. 이 책자는 "**과학적 세계 파악은 삶에 이바지하고, 삶은 이를 받아들인다**"라는 문장으로 끝이 난다. 의식을 교화하는 이런 언명을 통해 빈 학단은 하이데거 같은 사상가가 자기들에게 위협이 된다는 입장을 분명하게 밝힌다. 에이어는 1933년 베를린에서 이사야 벌린에게 보낸 격정적인 편지에서 이런 상황을 간결하게 전했다. "오늘날 독일의 철학자들은 전부 무뢰한 아니면 바보라네. 하이데거가 자기들을 화나게 한다고 생각할 정도야." 빈 학단의 실증주의자들이 보기에 하이데거의 작업은 반동적이고 반과학적인 동시에 정치적으로 범독일주의 열망을 지지하는 형이상학으로 되돌아가는 것이었다. 그다음 10년간 카르나프의 의구심은 비극적으로 정당화되었고, 1938년 나치 독일의 오스트리아 병합을 전후한 기간에 유대인 다수를 포함해 빈 학단의 걸출한 구성원들 전원이 국외로 떠났다. 버트런드 러셀이 말했듯이 "이들은 논리적 훈련을 감내했던 까닭에 열정적인 도그마에 감염되지 않았던 것으로 보인다……". 1933년 민족사회주의에 정치적으로 열렬히 동조한 뒤 정적주의(quietism)로 침

잠하여 추종자들을 곤란하게 만든 하이데거에 맞서, 카르나프는 평생 한결같이 좌파의 견해를 채택했고, 실제로 1960년대에 미국에서 반인종주의 운동에 참여했다. 카르나프-하이데거 분쟁의 정치에는 앞에서 분석한 벤담-콜리지 논쟁의 반향 그 이상이 담겨 있는 것으로 보인다.

논리학, 경험주의, 훌륭한 시와 형편없는 시

이를 염두에 두고서 카르나프의 1932년 에세이「언어의 논리 분석을 통한 형이상학 극복Überwindung der Metaphysik durch logische Analyse der Sprache」을 조금 더 자세히 살펴보자. 여기서 카르나프는 형이상학적 허튼소리의 주요한 사례로 하이데거의 1929년 강의를 든다. 형이상학에 반대하는 카르나프의 논지는 형이상학의 진술이 틀렸다는 것이 아니라 그저 무의미하다는 것이다. 카르나프 같은 논리실증주의자들이 보기에 의미는 검증 원리에 뿌리박고 있다. 다시 말해 낱말이나 문장은 원리상 검증 가능해야만 유의미하다. 그렇다면 검증의 조건은 무엇인가? 두 가지 조건, 즉 논리적 조건과 경험적 조건이 있다.

빈 학단은 러셀과 전기 비트겐슈타인의 견해를 따라, **논리학**이란 모든 명제를 동의어 반복 또는 모순으로 환원하게 해주는 자기지시적 체계라고 본다. 고전적인 사례를 살펴보자. "모든 미혼남은 결혼하지 않은 남자다"는 동의어 반복인데, 문장의 술부("결혼하지 않은 남자")가 주어("미혼남")와 교환 가능하거나 주어 안에 포함되어 있기 때문이다. 그런 진술을 철학자들은 '분석판단'이라 부른다. 분석판단은 단순히 그 형식상 참이기는 하지만, 우리에게 새로운 현상이나 사실을 전혀 알려주지 않는다. 동의어 반복의 반대인 모순은 이를테면 "모든 미혼남은 결혼한 남자다" 같은 것으로, 그 정의상 거짓이다. 모순 역시 우리에게 새로운 것을 전혀 알려주지 않는다. 이처럼 모든 논리적 명제는 필연적으로 참이거나 필연적으로 거짓인 동의어 반복 또는 모순으로 환원될 수 있지만, 그런 명제들은 모두 검증 가능하고 따라서 유의미하다. 유의미한 낱말 또는 문장의 유일한 다른 영역은 **경험적 진실**의 영역이다. 전기 비트겐슈타인은 어떠한 경험적 사건이나 복잡한 상황이든 사실 혹은 '주어진 것'을 반영하는 단순한 명제로 환원할 수 있다고 믿었다. 이런 단순명제 또는 요소명제가 사실을 반영한다면 사실에 견주어 검증할 수 있다. "이것은 자카란다 나무다"라는 나의 명제는 내 앞에 있는 커다란 초록빛 사물을 보기만 해도 검증할 수 있다. 경험명제는 검증 가능하고 따라서 유의미하다.

1932년 에세이에서 카르나프의 주된 주장은 형이상학적 진술이 논리적으로도 경험적으로도 검증 불가능하다는 것이다. 예컨대 내가 "불안은 인간의 존재를 드러내 보인다"라고 말하면 논리실증주의자는 "이 명제는 논리적으로 검증 가능한가?"라고 물을 것이다. 불가능하다. 동의어 반복도 아니고 모순도 아니기 때문이다. 그렇다면 경험적으로는 검증 가능한가? 불가능하다. '존재'는 자카란다 나무와 같은 주어진 사실이 아니기 때문이다. 그러므로 나의 명제는 무의미하다. 그리고 이 명제에 적용되는 판단은 모든 형이상학적 명제에 적용된다. 검증이 불가능하다면 형이상학적 명제는 무의미하고 논리 분석을 통해 간단히 극복할 수 있다.

그런데 형이상학을 극복한다면, 흄처럼 우리가 검증 불가능한 진술을 포함하는 모든 책에 화형을 선고한다면, 철학에는 대체 어떤 역할이 남느냐고 물어볼 수 있을 것이다. 카르나프는 논리 분석의 방법이 남는다고 역설했고, 1934년에 쓴 논쟁적인 에세이에서 "빈 학단은 철학을 실천하지 않는다"라고 언명했다. 그러나 (정말 만약에) 카르나프가 옳다면, 철학자들과 비철학자들이 수천 년간 형이상학적 물음들에 사로잡혀온 사실을 어떻게 설명할 텐가? 그토록 많은 사람들이 그토록 오랫동안 그토록 멍청할 수 있을까? 에세이의 흥미로운 종결부에서 카르나프는 빌헬름 딜타이(Wilhelm Dilthey)의 견해에 의지하여 형이상학은 생의 감정(Lebensgefühl)의 표현이라는 주장으로 이 물음에 답한다. 이런 측면에서 형이상학은 역시 삶에 대한 감정이나 태도를 표현하는 예술과 비슷하다. 그렇지만—여기에 어려움이 있다—형이상학은 예술보다 열등한데, 시인이나 음악가는 자신의 말이나 이미지에 이론적 혹은 인지적 내용이 있다고 상상하지 않기 때문이다. 그러므로 형이상학은 형편없는 예술이고, 형이상학자는 시적 재능이 없는 시인, 음악적 재능이 없는 음악가다. 이상하게 들리겠지만, 카르나프가 보기에 이 문제를 가장 잘 이해한 사상가는 다름 아닌 니체다. 니체의 저작 일부는 도덕의 역사에 대한 분석과 같은 경험적 내용이며, 다른 일부는 사상을 표현할 형식으로 하이데거처럼 이론을 선택하지 않고 오히려 시를 선택한다. 카르나프는 니체의 저작 가운데 비형이상학적이고 신화적이고 심지어 마술적이기까지 한 표현법을 채택함으로써 니힐리즘이라는 철학적 문제에 대응하려 시도한 『차라투스트라는 이렇게 말했다Also sprach Zarathustra』를 염두에 두었던 것이 분명하다.

철학 분쟁의 여전히 숨겨져 있는 중심

아르네 네스(Arne Naess)는 "마치 악마가 성서를 읽는 것처럼 카르나프가 하이데거를 읽는다고 말해도 완전히 부당한 말은 아닐 것이다"라고 재치 있게 지적한다. 이는 틀림없이 옳은 지적이지만, 카르나프와 빈 학단이 하이데거를 맹비난한 데에는 그럴 만한 이유가 있다. 과학적 세계 파악과 카르나프가 생각한 하이데거의 형이상학 사이의 분쟁은 그저 이론적 의견 충돌이 아니라 지난 세기에 깊숙한 상흔을 남긴 사회적·정치적 분쟁의 표현이기도 하다. 내가 아는 한 카르나프는 후기 저작에서 하이데거와의 분쟁을 재개한 적이 없다. 그런데 하이데거는 뭐라고 말했던가?

하이데거가 비판자들을 거만하게 업신여기고 그들과의 정면 대응을 무시한 처사가 그의 미덕 가운데 하나로 꼽히지는 않을 것이다. 하이데거가 발표한 저작 중에서 카르나프를 언급한 삽입구 같은 대목은 딱 하나밖에 없다. 그렇지만 카르나프가 자신의 저술에서 시종일관 대변하는 일종의 철학적 도전에 하이데거가 더 간접적인 방식으로 대응한다고 볼 수도 있다. 하이데거는 그런 도전을 논리 분석이나 분석철학보다는 '로기스티크'〔Logistik: 논리학 체계의 실제 내용을 가리키는 하이데거의 용어로 기호논리학 또는 형식논리학을 뜻한다—옮긴이〕라고 부르곤 한다. 내가 보기에 우리는 하이데거 텍스트의 행간과 카르나프 사이의 논쟁을 상상할 수 있다. 하이데거라면 다음 네 가지 논점을 제기할 것이다.

1. 논리 분석은 객관화된 언어 경험의 가장 극단적인 표현이다. 다시 말해 살아서 숨쉬는 일상 언어의 짜임새를 형식적이고 기술적인 일련의 절차로 벌거벗기는 것이다. 논리적 언어 개혁을 꾀할 경우 언어 사용자들이 알아듣지 못하는 무언가로 언어를 바꾸어놓을 위험이 있다. 1950년대에 언어에 관한 저작에서 하이데거는 어떠한 형식적 메타언어로도 포착할 수 없는 '언어 경험'을 장려한다. 카르나프식 논리적 메타언어만큼 그 경험과 거리가 먼 것도 없을 것이다.
2. 논리 분석에서 언어 형식화는 언어를 기술적 도구로 바꾸어놓는다. 1950년대에 하이데거는 카르나프식 논리 분석이 채택한 언어관을 '메타언어학'이라 불렀고, 이 견해와 기술에 관한 자신의 견해를 연결지었다. 즉 카르나프식 논리 분석은 철학이 기술적 사고로 환원된 역사적 순간에 속한다. 하이데거는 잊지 못할 말을 덧붙인다. "메타언어와 스푸트니크 위성, 메타언어학과 로켓공학은 동일하다." 논리 분석은 기술의 시대를 규정하는 힘에의 의지 및 자연 지배와 동일하다.
3. 단순히 '존재'와 '무' 같은 낱말들을 제거함으로써 형이상학을 극복하려는 카르나프의 시도는 하이데거의 관점에서 보면 반성을 결여한 형이상학적 세계관의 표현이다.

앞에서 언급했듯이, 하이데거의 견해는 형이상학의 역사란 존재 망각의 역사라는 것이다. 그렇다면 '존재'라는 낱말을 의미 목록에서 단순히 삭제해야 한다는 믿음은 이 망각의 가장 극단적인 표현에 해당한다. 그러므로 카르나프식 형이상학 극복은 그것이 극복하고자 하는 형이상학만큼이나 형이상학적이다.

4. 이런 의미에서 카르나프가 니체를 칭송한 것은 상당히 유의미한데, 하이데거주의자라면 형이상학의 역사에서 논리 분석이 니체적 순간에 속한다고 주장할 것이기 때문이다. 니체가 『우상의 황혼Götzen-Dämmerung』에서 "그러나 헤라클레이토스는 존재를 공허한 허구로 보았다는 점에서 언제나 옳을 것이다"라고 썼음을 상기할 수도 있겠다. 물론 니체라면 논리실증주의는 플라톤주의를 전복하는 자신의 작업을 예비하는 작업에 불과하다고 보았을 테지만 말이다.

어쨌거나 하이데거가 논리실증주의에 이렇게 대응했을 것이라고 상상해볼 수 있다. 이제 하이데거가 발표한 글에서 카르나프를 언급한 유일한 대목으로 돌아가자. 그의 실제 발언은 사뭇 놀랍다. 그 발언은 1920년대에 쓴 어느 텍스트의 서문으로 수록한 서한에 들어 있다. 하이데거는 한껏 자제하며 이렇게 말한다.

> 이 동일한 물음들은 우리 시대의 '철학'이 가장 극단적인 반대 입장들(예를 들면 하이데거에 대한 카르나프의 입장)에서 출발해 도달하고자 노력하는, 여전히 숨겨져 있는 중심을 형성한다. 오늘날 이런 입장들은 기술적-과학적 언어 이해와 사변적-해석학적 언어 경험이라 불린다.

나는 이 인용문을 하이데거가 철학의 두 문화 문제를 표현한 것으로 받아들이고자 한다. 다시 말해, 현대 철학은 사유가 이루어지는 영역이 언어라는 데 동의하지만, 그 영역을 이해하고 기술하는 최선의 길과 관련해서는 극명한 의견 차이를 보이고 있다. 카르나프에게 관건은 말할 수 있는 것과 없는 것을 분명하게 알기 위해 일상 언어의 모호하고 비일관적인 측면들을 개혁하는 것이다. 하이데거에게 관건은 일상생활에서 일어나는 일에 민감한 언어 경험을 하는 것이다.

카르나프의 도그마

카르나프와 빈 학단의 견해가 분석철학자들 사이에서 두루 인정받았을 거라고 상상해서는 결코 안 된다. 실상은 딴판이었다. 1982년 논리실증주의의 상대적 장점에 관해 브라이언 매기(Brian Magee)와 토론하던 중에 에이어는 비꼬듯이 지적했다. "글쎄요, 제가 생각하는 가장 중요한 결점은 그것〔논리실증주의—옮긴이〕이 거의 전부 거짓이라는 겁니다." 이런 관점에서 논리실증주의의 문제들을 세 집합으로 나누어 간략하게 지적할 수 있다.

1. 과학과 형이상학을 구별하는 카르나프의 기준은 그의 검증주의적 의미 이론이다. 카를 포퍼(Karl Popper)는 이 구별의 기준이 되기에는 카르나프의 의미론이 너무 편협하다고 설득력 있게 지적한다. 많은 과학 이론들이 고도로 사변적이기 때문이다. 그 증거로 포퍼는 아인슈타인의 사례를 든다. 상대성 이론은 일군의 경험적 관찰 진술들로 단순히 환원할 수 없는 사변적 추측이다. 뉴턴 역학도 마찬가지라고 말할 수 있을 것이다. 뉴턴 역학이 이론으로 받아들여진 이유는 경험적 검증이 가능해서가 아니라 설명력이 가장 뛰어난 가설이었기 때문이다. 뉴턴이나 아인슈타인의 견해가 나중에 관찰로 확증된 것은 훨씬 나은 귀결이다. 그렇지 않았다면 그들의 견해는 반증되었을 것이다. 추측의 진실성은 반증을 견디는 능력에 달려 있다. 이런 이유로 포퍼 자신은 과학과 형이상학을

구별하는 기준으로 반증 가능성을 든다. 반증 가능하다면 과학적인 이론이고, 반증이 불가능하다면 형이상학적인 이론이다.

2. 두번째 문제 집합은 검증 원리에서 생겨난다. 우선 비판적 공격에 직면하여 카르나프는 자신의 견해를 완전한 경험적 검증에서 '확증 가능성 원리'로 누그러뜨렸다. 이 견해에 따르면, 문장과 낱말은 **생각할 수 있는** 관찰을 통해 **원리상** 확증이 가능하다면 유의미하다. 이전 기준보다 조금 완화되기는 했으나 이는 여전히 의미에 대한 경험적 기준이다. 그렇지만 여기서 진짜 문제는 검증 원리 자체의 위상이다. 모든 명제를 검증 원리로 검증해야만 한다면 이 원리 자체는 어떻게 검증할 것인가? 다시 말해 검증에 대한 검증은 무엇인가? 검증 원리에 따르면 낱말과 문장은 동의어 반복으로 환원할 수 있거나 경험적으로 관찰할 수 있어야만 유의미함을 상기하라. 검증 원리는 경험적 진술일 수 없는데, 이 원리에 의거하여 경험적 진술이 의미를 획득하기 때문이다. 원리 자체를 관찰할 수는 없는 것이다. 검증 원리는 동의어 반복일 수도 없다. 검증 원리는 그 자체로는 사실이 아니지만, 사실을 판단할 때 의거하는 기준인 까닭에 사실과 관계를 맺기 때문이다. 논리적 동의어 반복은 그 정의상 사실과 어떠한

관계도 맺을 수 없다. 이처럼 동의어 반복도 아니고 사실도 아니라면, 검증 원리를 대체 어떻게 검증하겠는가? 유일한 선택지는 어떻게든 스스로를 검증해야 한다는 것이며, 이는 자신에 대해 진술하고 자신에 대한 논증을 제시할 수 있어야 한다는 뜻이다. 이 모든 말은 카르나프와 빈 학단이 극복하기를 바랐던 구식 형이상학의 말처럼 들리기 시작한다. 이 문제를 좀더 다채롭게 표현할 수 있다. 검증 원리는 오컴의 면도날의 현대 버전으로, 경험적 사실의 영역에서 필요 이상의 형이상학적 존재자들을 면도해버린다. 요점은 이 면도날이 어떻게 스스로를 면도할 수 있느냐는 것이다. 면도날이 스스로를 면도할 수 없다면, 검증을 더욱 강한 근거로 검증하는 것은 불가능하다. 검증 원리는 수행적 자기모순이다.

3. 그러나 카르나프에 대한 가장 강력한 반론은 그의 학생인 콰인이 유명한 논문 「경험주의의 두 가지 도그마Two Dogmas of Empiricism」(1951)에서 제기한 것이다. 경험주의의 첫째 도그마는 논리적 동의어 반복과 경험적 관찰 진술을 구별할 수 있다고 주장한다는 것이다—전문 용어로 이 구별은 분석명제-종합명제 구별이라 부른다. 둘째 도그마는 콰인이 말한 '급진적 환원주의', 즉 모든 경험적 진술은 사실이나 주어진 것에 관한 진술로 환원할

수 있다는 주장이다. 콰인의 주장은 둘째 도그마를 뒷받침할 수 없고 그렇다면 첫째 도그마 역시 무너진다는 것이다. 이렇게 해서 카르나프의 의미상(像) 전체가 붕괴한다. 윌프리드 셀러스에 따르면, 카르나프와 빈 학단은 "주어진 것의 신화"에, 낱말과 문장이 매개 없이 실재와 직접 관계한다는 생각에 현혹되었다. 콰인은 신념과 경험의 관계에 대한 대안적인 상을 제시하며, 우리의 지식 전체를 "경험의 가장자리에만 영향을 주는 인공 직물"에 비유한다. 이 견해의 귀결은 신념과 경험의 관계, 또는 개념과 직관의 관계에 대한 훨씬 더 전체론적인 상으로, 콰인은 이를 가리켜 "철저한 프래그머티즘"이라고 말한다. 콰인이 나중 저작에서 한층 확고한 자연주의적 관점에 서서 자신의 이전 견해에 단서를 달기는 했지만, 리처드 로티는 경험주의에 대한 바로 이 프래그머티즘적 비판을 대륙철학 전통과 대단히 흥미롭게 연관지었다.

비트겐슈타인은 하이데거가 말하는 바를 자신이 안다고 생각한다

앞에서 보았듯이, 이 격렬한 충돌은 형이상학이라는 쟁점을 겨냥한다. 카르나프는 하이데거를 형이상학자라고 비난하고,

하이데거는 카르나프의 과학적 세계 파악이 반성하지 않은 형이상학을 전제한다고 넌지시 지적한다. 요컨대 둘 다 서로에게 형이상학적 결점이 있다고 책잡는다. 이런 명백한 결례는 철학사에서 전혀 새롭지 않다. 나는 대립하는 두 입장을 중재하는 방편으로 비트겐슈타인의 단편에 주목하고자 한다. 역시 1929년에 쓴 이 단편에서 비트겐슈타인은 하이데거의 강의에 대응하여 이렇게 말한다.

> 확실히 나는 하이데거가 존재와 불안으로 말하려는 바를 쉽사리 생각할 수 있다. 인간은 언어의 한계에 맞부딪치려는 충동을 느낀다. 예컨대 무엇이든지 존재한다는 경이를 생각해보라. 이 경이는 물음의 형식으로 표현할 수 없고, 어떻게 해도 답할 수 없다. 우리가 말할 법한 모든 것은 선험적으로 난센스가 되지 않을 수 없다. 그럼에도 우리는 언어의 한계에 맞부딪친다.

하이데거와 카르나프의 분쟁에서 비트겐슈타인이 양자를 중재하는 제3자라고 생각하면 도움이 될 것이다. 빈 학단의 논리 분석 프로그램이 대체로 비트겐슈타인의 『논리-철학 논고』에서 영감을 받았음에도, 비트겐슈타인과 빈 학단의 관계는 결코 원만하지 않았으며, 1929년 비트겐슈타인은 느닷없이, 불가해하게 카르나프와의 연락을 끊었다. 또한 비트겐슈타인이 1920년대 말에 철학으로 복귀한 후에 그의 견해는 급속한 변화를 겪으며 빈 학단과 갈수록 멀어졌다. 콰인보다 먼저 비트겐슈타인은 『논고』의 견해를 도그마적 견해로 여기게 되었다. 요컨대 전기 비트겐슈타인이 논리학—말할 수 있는 것을 말하게 해주고 나머지는 침묵 속에 남겨두는—으로 환원할 수 있는 언어상(像)에 사로잡혔다면, 후기 비트겐슈타인은 일상의 언어 용법을 분석하여 이 상에서 벗어나고자 했다. 비트겐슈타인은 『철학적 탐구Philosophische Untersuchungen』에서 이를 "의미를 찾지 말고 용법을 찾아라"라고 표현한다. 다시 말해 철학의 중심적 관심사는 일상에서 사용하는 언어에 대한 이해가 된다. 우리는 새로운 언어를 발명할 필요가 없다. 우리가 가진 언어가 완벽하게 충분하기 때문이다.

비트겐슈타인은 케임브리지에서 G. E. 무어와 나눈 대화에 얽힌 일화를 이야기하곤 했다. 그들의 대화는 다음 문제에 집중되었다. 우리는 일상 언어의 명제들이 의미하는 바를 이해하기 위해 논리 분석을 파악해야만 하는가? 비트겐슈타인은 무어에게 이렇게 응수했다. "어찌 그런 지옥 같은 생각을!" 이런 의미에서 우리는, 하이데거를 염두에 두면, 후기 비트겐슈타인이 형식적 메타언어와 결별하고 언어 경험 자체로 기울고 있었다고 볼 수 있다. 따라서 카르나프가 시도한 형이상학 극복이 전기 비트겐슈타인의 견해에 근거한다면, 후기 비트겐슈타인은 '극복의 극복'이라 불릴 만한 것을 대변한다. '극복을 극복'한다면 우리는 논리 분석의 도그마들을 내팽개치고서 일상 언어로, 그리고 뒤죽박죽이지만 풍요로운 일상성의 언어로 표현되는 인간의 사회생활로 돌아갈 것이다.

그렇지만 비트겐슈타인이 일종의 행복한 하이데거주의자였다고 상상해서는 안 된다. 그만큼 얼토당토않은 상상도 없다. 분명히 비트겐슈타인의 논평은 하이데거에 대한 중요한 비판을 수반한다. 다시 말해 비트겐슈타인은 하이데거가 존재와 불안으로 말하려는 바를 자신이 안다고 생각하지만, 동시에 난센스에 빠지지 않고는 그런 것들을 말할 수 없음을 함축한다. 비트겐슈타인의 관점에서 보면, 하이데거가 1929년 강의에서 하려던 일은 언어의 한계에 맞부딪침으로써 말할 수 없는 것을 말하는 일이었다. 그런데 비트겐슈타인이 보기에 난센스는 진지한 문제이며, 그가 윤리적 욕구라고 말했을 법한 인간의 깊은 욕구를 증명하는 것이다. 그럼에도 하이데거가 말하는 것은 난센스이며, 이는 결국 카르나프의 논점이다. 「형이상학이란 무엇인가?」는 일하지 않고 노는 언어의 고전적 사례다. 따라서 하이데거가 존재와 불안으로 말하려는 바를 비트겐슈타인이 안다고 해서, 이 용어들이 하이데거가 생각하는 의미를 지닌다는 것을 뜻하지는 않는다.

내가 보기에 하이데거-카르나프 분쟁에서 흥미로운 점은

18. 자크 칼로(Jacques Callot, 1592~1635), 〈두 명의 '판탈롱'Les deux "pantalons"〉

누가 옳고 누가 그른지를 결정하는 일이 아니라, 그 분쟁을 우리에게 여전히 아주 중요한 철학적 문제틀과 문화적 병리 둘 다에 대한 명확한 표현으로 보는 것이다. 이 점을 알아채지 못하면 우리는 결실 없는 철학적 난국에, 즉 한편의 과학주의와 다른 한편의 몽매주의가 교착하는 상태에 빠질 위험이 있다. 다음 장의 과제는 이 교착 상태를 타개하고 하이데거가 말한 여전히 숨겨진 철학의 중심에 접근할 길을 찾으려 애쓰는 것이다.

제 7 장

과학주의 대 몽매주의: 철학의 전통적인 곤경 피하기

참된 철학이란 세계를 보는 법을 다시 배우는 일이다.

—모리스 메를로퐁티

제4장에서 주장했듯이, 대륙 전통 철학의 태반이 근대 세계의 위기의식에 대응하려 하고 또 해방을 위해 현재에 대한 비판의식을 내놓으려 한다는 사실은, 대륙철학과 대부분의 분석철학의 가장 현저하고도 극적인 차이, 즉 대륙철학의 **반과학주의**를 설명하는 데 도움이 된다. 대륙철학의 관점에서 보면, 철학에서 과학주의를 채택할 경우 철학의 비판적·해방적 기능을 포착하지 못하게 된다. 다시 말해 과학적 세계 파악과 니체가 말한 니힐리즘이 공모할 가능성을 보지 못하게 된다. 과

학주의는 세계로부터 인간을 소외시키는 과학과 기술의 역할을 알아채는 데 근본적으로 실패한다. 이런 소외는 여러 방식으로 일어날 수 있다. 고립된 인간 주체와 대립하는 객체의 영역, 인과적으로 결정되는 영역으로 세계를 변모시키는 식일 수도 있고, 무심하게 조사하거나 거래할 수 있는 공허한 상품으로 객체를 변모시키는 식일 수도 있다.

과학주의를 비판하는 이들의 신념은 자연과학의 모델이 철학 방법의 모델을 제공할 수도 없거니와 제공해서도 안 되고, 인간이 세계에 접근하는 일차적이고도 가장 중요한 방편을 자연과학이 제공하지 않는다는 것이다. 우리는 이 신념을 대륙사상가들 전반에 걸쳐서, 이를테면 베르크손, 후설, 하이데거에게서, 아울러 1930년대 이래 프랑크푸르트 학파와 교제한 철학자들에게서 찾아볼 수 있다. 이와 관련하여 아무리 추천해도 지나치지 않은 책은 하버마스의 『인식과 관심』(1968)이다. 하버마스에게 과학주의란 과학의 스스로에 대한 신념이다. 다시 말해 "우리는 더이상 과학을 인식의 한 형식으로 이해할 수 없고 오히려 인식과 과학을 동일시해야 한다는 확신"이다. 『인식과 관심』은 과학주의에 대한 체계적 비판으로서, 19세기 중엽 칸트의 비판철학을 수용한 에른스트 마흐(Ernst Mach)와 오귀스트 콩트(Auguste Comte)의 저술에서 실증주의가 출현한 과정을 역사적으로 재구성한다. 본질적으로 보아 하버마스는 빈 학단의 과학적 세계 파악의 전사(前史)를 상술하지만, 비판적인 동시에 해방적인 의도를 담고 있다. 하버마스는 실증주의와 과학주의가 어떠한 비판적 반성도 부인한다고 주장한다. 여기서 하버마스가 말하는 비판적 반성은 칸트의 작업과 이 비판적 기획을 전개한 독일 관념론을 통해 구현되어 마르크스와 베버, 전기 프랑크푸르트 학파의 해방적 사회이론에 토대를 제공한 반성을 가리킨다. 이 주장으로 하버마스가 제시한 바는, 칸트의 비판철학은 (제2장에서 살펴봤듯이) 인식하고 말하고 행동하는 주체의 가능성의 조건에 대한 반성이라는 것이다. 이처럼 칸트는 이론적·과학적 인식의 토대를 정초하고자 했지만, 그의 초월론적 탐구는 인간의 자유 개념을 옹호하려 했다는 점에서 해방적 의도를 품고 있었다. 하버마스의 말대로 "'삶을 바꾸는' 자기반성 행위는 해방 운동이다". 그 이후 헤겔은 이 비판적 기획을 한 단계 더 밀고 나아가, 맥락에 묻어 들어가 있고 실제로 존재하는 생활세계에, 그리고 사회생활의 구조와 역사에 뿌리박은 가정들 일체를 칸트의 철학이 전제할 수밖에 없는 방식에 대해 반성했다. 다시 말해 칸트의 **인식상**(像)은 충분히 반성되지 않은 **관심들** 일체를 전제할 수밖에 없다—이에 근거하여 헤겔은, 칸트의 윤리학은 그 의도는 훌륭하지만 결국 맥락과 무관한 추상적 형식주의라고 주장한다. 헤겔 이후 하버마스의 주장은, 유감스럽게도 자신이 전력을 다해 제거하려 하는 과학주의 쪽으로 프로이트가 기울기는 했지만, 인식과 관심의 관계에 관한 이 비판적 반성론을 프로이트의 정신분석이 모범적으로 수용했다는 것이다. 다시 말해 정신분석은 인간이 스스로를 속이기 위해 곧잘 동원하는 갖가지 환상들로부터 인간을 해방시키고자 하는 비판적·반성적 실천이며, "이 환상들을 이해함으로써 주체는 자신으로부터 자신을 해방시킨다".

현상학 하기

그렇지만 과학주의에 대한 정당한 우려는 자칫 반과학적 태도로 나아갈 위험이 있다. 다시 말해 **몽매주의**로 빠질 위험이 있다. 내가 보기에 철학에서 피해야 할 양극은 과학주의와 몽매주의다. 카르나프와 하이데거의 분쟁에서 확연히 드러난 대로, 이 양극은 분석철학과 대륙철학 각각에 내재하는 극히 해로운 경향을 반영한다. 하이데거는 단 한 번 카르나프를 넌지시 언급하면서, 현대 철학의 대극적 입장들 사이에 위치하는 사유의 "여전히 숨겨져 있는 중심"에 관해 말했다. 이제 나는 과학주의를 견제하는 동시에 몽매주의로 빠지지 않는 것을 목표로 삼는 현상학을 옹호함으로써 그 중심에 관해 생각해보려 한다.

메를로퐁티는 세계를 과학적으로 파악하는 이론적 태도의 기반을 이루는 인간 경험의 "전(前)이론적 층을 드러내는 것"이 현상학의 과제라고 적절하게 표현했다. 여기서 내가 옹호하려는 것도 메를로퐁티가 파악한 현상학과 비슷하다. 내가 이해한 바에 따르면, 현상학 **하기**는 사람과 사물에 대한 경험의 전이론적 층을 드러내고, 이 경험 층을 그 자체로 엄밀하게, 그리고 타당성의 기준에 부합하게 기술할 적절한 양식을 발견하려는 것이다. 확고부동하지만 무어라 규정하기 어려운 전(前)이론적 경험의 이 차원을 해명하는 것이 현상학의 과제다. 다시 말해 현상학은 메를로퐁티가 '지각적 신념'이라는 개념으로 표현한 '익숙한 것'의 신비를 해명한다. 예컨대 눈을 뜨고 세상을 둘러볼 때, 나는 세계가 존재하고 의미로 충만하다는 완전한 신념을 가지고 있다. 문제는 내가 이 신념을 반성하기 시작하여 "그런데 나의 감각의 증거를 언제나 완전하게 신뢰하지 못할 경우 어떻게 외부 세계가 있다고 확신할 수 있을까?"라고 자문할 때 이 신념이 허물어진다는 것이다. 이미 반성의 견지에 도달한 사람이 어떻게 지각적 신념의 순진함을 되찾겠는가? 메를로퐁티는 자신이 '초(超)반성'이라 부른 개념으로 이 문제에 답한다. 현상학은 반성에 선행하는 것, 즉 경험의 전이론적 기층에 대한 반성이다. 여기서 요점은 학문들의 이론적 태도를 익힌 우리 같은 사람들이 인간 경험의 전이

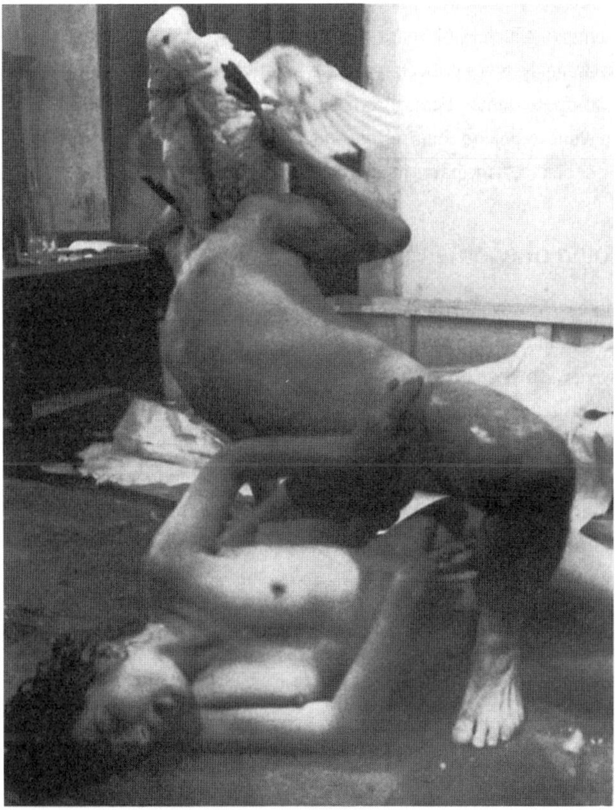

20. 오토 뮐(Otto Mühl), 〈오 감성〉(1925)

론적 층에 반드시 무매개적으로 접근하지는 않는다는 것이다. 그러므로 현상학은 실제로 현존하고 분명히 감지할 수 있는 세계를 보는 법을 다시 배우는 일을 함축한다.

전(前)학문

그렇다면 현상학은 어떻게 과학주의와 몽매주의 둘 다 피할 수 있을까? 과학주의부터 따져보자. 내가 보기에 **과학주의**는 그릇된 주장에 의거한다. 사물들을 바라보는 이론적 혹은 자연과학적 방식이 우리 자신과 세계에 접근하는 일차적이고 가장 유의미한 방편을 제공하고, 자연과학의 방법론이 모든 현상에 대한 최상의 설명 형식을 제공한다는 것이 그 주장이다. 현상학은 (이를테면 카르나프와 노이라트의) 과학적 세계 파악이 그에 선행하는 실천적 세계관, 즉 반성에 앞서 세계가 일종의 다루기 쉬운 기정사실로서 존재한다는 견해에 기생한다는 것을 보여준다. 이 세계는 우리가 **환경**(독일어로 움벨트Umwelt)이라 부를 법한 것으로, 우리에게 가장 가깝고 가장 익숙하고 가장 유의미한, 우리를 둘러싸고 있는 세계다. 이 환경세계는 과학의 가치중립적인 객관적 세계가 아니라, 언제나 우리의 인지적·윤리적·심미적 가치들에 이미 물들어 있는 세계다. 다시 말해 과학주의 또는 후설이 말한 객관주의는 학문적 실천을 가능하게 해주는 조건인 **생활세계**의 현상을 간과한다. 『유럽 학문의 위기』에서 후설은 생활세계를 이렇게 기술한다.

> 모든 학문적 사고와 모든 철학적 질의에 앞서 당연시되는 것은 세계가—언제나 선행하여—존재한다는 것, 그리고 경험적 의견이든 여타 의견이든 어떤 의견을 교정할 때 이미 존재하는 세계, 즉 각 경우에 존재한다는 것이 의심할 나위 없이 타당한 지평으로서의 세계를 전제한다는 것이다. ……객관적 학문 역시 학문 이전의 삶을 통해 미리 존재하고 있는 세계라는 토대 위에서만 물음을 제기한다.

현상학 내에서 과학주의에 대한 비판은 인간과 자연의 통일성 등을 운운하는 어떤 신비적 견해의 이름으로 과학적 연구의 결과를 논박하거나 부정하려 들지 않는다. 그 비판은 우리 자신과 세계를 의식하는 일차적인 방편 또는 가장 유의미한 방편을 과학이 제공하지 않는다고 역설할 뿐이다. 반과학주의는 반과학적 태도를 전혀 수반하지 않거니와, 문제를 해결하기보다 도리어 일으킨 후기 하이데거의 발언, 즉 "과학은 사유하지 않는다"를 의미하지도 않는다. 내가 보기에 여기서 필요한 것은 청년기 하이데거가 『존재와 시간』에서 사용한 표현이다. 대체로 간과되어왔으나 대단히 도발적인 그 표현은 "존재론적 학문 이해"다. 이 이해는 자연과학의 실천이 어떻게 생활세계의 실천에서 생겨나는지를 보여주고, 생활세계의 실천을 자연과학적 설명으로 단순히 환원할 수 없음을 보여줄 것이다.

하이데거가 말한 '전(前)학문'(독일어로 포어비센샤프트Vor-wissenschaft)을 참조하여 이 논점을 조금 더 파고들겠다. 장차 『존재와 시간』에서 전개할 여러 논증을 배아적 형태로 포함하는 1924년의 놀랍도록 명료한 강연에서, 하이데거는 자신의 반성이 학문적 연구가 가능한 조건에 관한 해석적 규명으로서 전학문에 속한다고 말한다. 이 발언으로 하이데거가 제시한 바는, 전학문이 학문들의 이론적 태도가 생활세계의 실천에서 발생하는 사회적 과정을 기술한다는 것이다. 너그럽게 생각하면 하이데거가 나름대로 시도한 유머라고 볼 수 있는 대목에서, 그는 이 전학문을 학문들의 행렬을 단속하는 경찰력으로 묘사한다. 이 경찰력은 이따금 옛사람들처럼 가택 수색을 벌여 학문적 연구가 실제로 사물들 자체와 가깝고 따라서 현상학적인지, 그렇지 않고 학문이 전통적인 지식이나 물려받은 지식을 가지고서 작업하는지 점검한다. 우리는 자연주의를 지향하는 철학자들 무리가 그러한 현상학적 경찰력에 의해 일제히 검거되고 구금되는 상황을 상상할 수 있다. 다른 대목에서 하이데거는 이 현상학적 치안 활동을 **생산적 논리학**이라고 부른다. 다시 말해 학문들에 선행하는 영역으로 뛰어들어가서 학문들의 토대를 놓는 것은 생활세계에 관한 전학문적 담론이라는 것이다. 내가 보기에 여기서 하이데거가 말하려는 바는, (제1장에서 논의한 대로) 철학자를 과학의 조수로 파악하는 경험주의적 또는 로크주의적 관점과 달리, 생산적 논리학이 학문들에 선행하여 학문들의 토대가 사람·사물·세계에 관한 현상학에, 경험의 전(前)이론적 층에 있음을 보여준다는 것이다.

내가 말한 '현상학적 전학문'이나 '존재론적 학문 이해'는 학문들의 성과를 반박하거나 부인하지 않는다. 그것은 학문들의 이론적 태도를 가능하게 해주는 조건이 생활세계에서 우리가 행하는 다양한 실천들임을 보여준다—하버마스의 표현에 따르면, 이론적 지식은 실천적 관심에 뿌리박고 있다. 더욱이 앞으로 더 명확해질 것처럼, 현상학적 전학문은 그런 실천들에 필요한 것이 자연과학의 인과적 가설이나 사이비 과학의 인과적으로 들리는 설명이 아니라 해석적 규명 또는 해석학임을 보여준다. 현상학이 제공하는 것은 사람과 사물, 우리가 거주하는 세계를 규명하는 재(再)기술이다. 그렇기에 현상학은 어떤 위대한 발견을 내놓기보다, 우리에게 익숙하지만 자연과학의 이론적 태도를 취할 경우 은폐되는 것들을 상기시켜준다. 현상학은 '일상의 상기'라고 부를 만한 것을 우리에게 제공하고, 평범한 생활이라는 섬세한 그물망을 구성하는 배경의 실천들과 일과들을 기억하게 해준다.

〈X파일〉 콤플렉스

이제 몽매주의를 따져보자. 중요한 점은 현상학적 반과학주의가 반과학적 **몽매주의**로 나아갈 **가능성**이 **있다**는 것이다—몽매주의는 여러모로 과학주의를 뒤집거나 곡해하는, 과학주의의 대항개념이다. 그렇지만 소규모 지적 치안 활동에 참여할 만큼 주의한다면, 몽매주의로 나아가지 않을 **수 있다**. 여기서 몽매주의란 자연과학이 제시하는 인과적 설명을 거부하고 그런 설명을 다른 인과적 이야기, 더 고차원적이지만 본질적으로 초자연적인 이야기로 대체하는 태도라고 규정할 수 있다. 다시 말해 몽매주의는 과학적 형식의 설명을 과학주의적 설명으로 여기고, 그 설명을 반과학적이고 신비적이지만 그럼에도 인과적인 설명으로 대체한다. 이를테면 판구조론 때문이 아니라 우리가 지은 죄에 신이 분노해서 지진이 발생한다고 설명한다.

이러한 몽매주의와 비슷한 문화적 현상은 〈X파일〉의 모든 편에서 찾아볼 수 있다. 이 드라마에서는 두 가지 인과적 가설이 제시된다. 하나는 과학적 가설, 다른 하나는 초자연적 가설이다. 언제나 전자가 틀리고 후자가 옳다고 밝혀지지만, 의문이 말끔히 해소되지는 않는다. 다시 말해 초자연 현상을 설명할 수는 있지만, 그 원인은 수수께끼로 남는다—그 원인은 미스터리다. 그런데 〈X 파일〉은 문화적 오락물로는 별반 해를 끼치지 않겠지만, 〈X 파일〉 콤플렉스는 더욱 해로운 영향을 끼칠 수 있다. 몽매주의적 설명의 익숙한 후보들로는 신의 의지, 외계 지적 생명체의 편재성, 인간 행위에 작용하는 천체 등이 있다. 이보다 덜 분명하지만 똑같이 유해하다고 주장할 여지가 있는 후보들로는 프로이드의 충동, 카를 구스타프 융(Carl Gustav Jung)의 원형, 라캉의 실재계, 푸코의 권력, 데리다의 차연(差延, différance), 레비나스의 신의 흔적 등이 있다. 실은 후기 하이데거가 말한, 존재의 역사에서 존재의 시대적 물러남 또한 이런 후보에 해당한다. 이 목록은 늘어날 수 있다.

내가 보기에 우리가 현상학으로부터 여전히 배울 수 있는 점은, 사람과 사물에 접근하는 일차적이고도 가장 유의미한 방편—사회적 세계에서 암묵적으로 통하는 노하우 전체라고 부를 만한 것—에 관한 한, 우리에게 필요한 것은 모호한 원인에 대한 과학의 인과적 설명이나 사이비 과학의 가설이 아니라는 것이다. 우리에게 필요한 것은 내가 비트겐슈타인을 참조하여 **명료화하는 말**이라고 부르고 싶은 것이다. 일례로 비트겐슈타인은 이렇게 말했다. "우리에게 가장 중요한 사물들의 측면들은 그 단순성과 일상성 때문에 숨겨져 있다. (우리가 무언가를 알아채지 못하는 이유는 그것이 언제나 우리 눈앞에 있기 때문이다)." 명료화하는 말은 우리의 일상생활에서 숨겨져 있지만 자명한 특징들, 자명하기 때문에 숨겨져 있는 특징들을 보게 해준다. 명료화하는 말은 이런 일상의 현상들을 더욱 명쾌하게 하고, 현상들이 우리 눈에 보이는 측면을 바꾸고, 현상들을 새롭고도 놀라운 관점에서 조감하게 해준다. 이런 의미에서 현상학은 우리가 암묵적으로 알고 있었으나 알아채지 못했던 것들을 재정리하여 세계를 바라보는 법을 다시 배우게 해준다. 물론 하이데거의 저술을 이렇게 보는 관점은 존재(물러나는 존재든 다른 어떤 존재든)의 시대적 소여성(所與性)에 관해 이야기하는 관점만큼 흥분을 자아내지는 못하지만, 어쩌면 그런 흥분은 우리에게 없는 편이 가장 나은 무언가일지도 모른다.

이제까지 말한 내용으로 보아 내가 현대 철학계에 대한 약식 병리학을 시도하고 있고, 대륙철학과 분석철학 각각의 가장 과도한 경향을 논평하려는(어쩌면 억제하려는) 의도라는 것이 분명해졌을 것이다. 한편으로 일부 대륙철학은 모든 것을 설명하는 동시에 아무것도 설명하지 못할 정도로 너무나 방대하고 너무나 모호한 어떤 효력, 실체, 범주에 의거하여 사회적 현상을 해명하는 몽매주의로 빠질 위험이 있다. 예를 들면 인터넷(또는 이동전화, 더 나아가 이동주택) 같은 현상을 하이데거의 몰아세움(Gestell) 논제를 뒷받침하는 증거로 보는 식이다—몰아세움이란 기술적 세계에 만연하고 그리하여 존재의 망각을 조장하는, 기술적 틀에 인간을 끼워 맞추는 태도를 말한다. 고대 신화의 신들과 비슷하게 기능하는, 인과적인 듯한 작인(作因)들에 의거하여 일상의 현상들을 외견상 설명하기도 한다. 사적·공적 생활의 어떠한 측면이든 권력의 규율망의 증거로, '대타자(大他者)' 해체의 증거로, 실재계의 트라우마의 증거로, 기관 없는 신체의 다양한 생성의 증거로, 또는 다른 무언가의 증거로 볼 수도 있다. 이런 몽매주의적 경향들은 탈신비화 또는 탈신화화로 치료해야 한다. 다시 말해 이런 유의 이야기는 반드시 비판해야 하고, 이야기에 관심을 두기에 앞서 어떤 이야기인지 따져봐야 한다.

나의 약식 병리학의 반대편에는 분석철학의 일부 영역들에서 나타나는 만성적 과학주의라는 위험이 있다. 우리가 「감각질과 유물론: 설명 간극 메우기」라는 철학 논문을 상상할 수 있다면, 「빅뱅과 나: 설명 간극 메우기」나 「자연선택과 나: 설명 간극 메우기」 같은 논문은 왜 상상하지 못하겠는가? 이런 과학적 접근법은 더 나은 경험적 설명을 통해 간극을 메울 수 있다고 상정한다. 이 책에서 내가 시종일관 주장한 것은 여기에 경험적 탐구를 통해 메울 수 없는, 느껴지는 간극—지식과 지혜의 간극—이 있다는 것이다. 다시 말해 삶의 의미라는 물음은 경험적 탐구로 환원할 수 없다. 우리가 지식과 지혜 사이에서 느끼는 이 간극이 바로 비판적 반성의 공간이다. 철학에서, 아울러 더 일반적으로는 문화생활에서 우리는 과학주의와 몽매주의의 날개를 꺾어서 대륙철학과 분석철학의 가장 나쁜 경향을 피해야 한다. 다시 말해 우리는 현상학적 명료화를 필요로 하는 문제를 인과적 설명이나 인과적으로 들리는 설명을 통해 해소할 수 있다고 믿는 오류를 피해야 한다. 물론 이렇게 말하기는 쉽지만 행하기는 훨씬 더 어렵다. 그러나 적어도 첫걸음은 내딛을 수 있다.

물론 내가 시사한 것만큼 과학주의와 몽매주의가 깔끔하게 구별되는 것은 아니다. 첫째, 몽매주의는 단일하지 않을지도 모른다. 실제로 제우스든 야훼든 죽음 충동이든, 일종의 신령스러운 수수께끼에 대한 신념에 토대를 두는 몽매주의가 있다. 이를 '모호한 몽매주의'라고 불러도 괜찮겠다. 과학적으로 입증 가능하다고 자처하는 다른 몽매주의들도 있다. 가령 "의사 양반, 내 불면과 공격성의 원인이 지난여름에 캠핑하다가 외계인에게 납치된 사실에 있음을 모르겠소?"라거나 "딱 1년만 더 연구하면 마침내 물질이 성스러운 유출의 소산임을 입증할 텐데"라고 말하는 몽매주의다. 그리고 당연히 신념을 상정하고 따라서 몽매주의와 동급인 과학주의들도 있다. 예컨대 누군가는 어째서, 왜 그런지 모른 채 모든 정신 상태를 진화적 기질로 환원할 수 있다고 믿을 것이다. 그냥 자기 생각이 옳다고 느끼기 때문이다. 이를 '모호한 과학주의'라고 불러도, 혹은 이와 비슷한 무엇으로 불러도 괜찮을 것이다. 여기서는 과학주의와 몽매주의를 구별하는 더욱 상세한 분류법이 절실히 필요하다는 점만 말해두겠다.

소규모 지적 치안 활동

우리가 두 가지 철학 문화 사이에 여전히 숨겨져 있는 중심에 접근하려면 소규모 지적 치안 활동에 참여할 필요가 있다고 나는 생각한다. 다시 말해 우리는 막스 베버가 처음 명명한 설명과 명료화를 구별하고, 인과적 가설 또는 인과적으로 들리는 가설과 해명·해석 등을 구별하는 고전적 입장으로 돌아갈 필요가 있다. 간단히 말해 베버의 주장은 자연현상에는 인과적 설명이 필요한 반면 사회현상에는 어떤 사태가 어째서 그러한지와 관련하여 이유를 대거나 실행 가능한 동기를 제시하는 명료화가 필요하다는 것이다. 철학의 업무들 중 하나는 이 구별이 우리에게 긴급히 필요하다는 것, 구별하지 않을 경우 앞에서 살펴본 대로 하이데거와 카르나프의 케케묵은 교착 상태로 귀결되고, 과학주의나 몽매주의로, 혹은 〈X 파일〉 콤플렉스라는 솔깃한 중간대(twilight zone)로 빠져들 위험이 있다는 것을 우리에게 상기시키는 일이다. 이 장에서 나는 짜릿하진 않을지언정 설득력 있는 형태의 현상학을 통해 두 가지를 구별하는 방법이 최선이라고 주장했다. 물론 이 목표를 달성하는 다른 방법들도 있다. 대륙 전통에 속하는 철학자로서 철학 내부의 과학주의를 갈수록 소리 높여 비판해온 힐러리 퍼트넘이 나의 논점을 적절하게 표현했다.

> 윤리학은 우리가 살아가는 방식 및 우리의 행복과 관련된다고 보았다는 점에서, 또한 이런 유의 앎('실천적 앎')은 이론적 앎과 다르다고 보았다는 점에서, 나는 아리스토텔레스가 속속들이 옳았다고 생각한다. 앎의 영역이 '학문'의 영역보다 넓다는 것을 인정하는 견해는 우리 자신과 학문에 관한 온건하고도 인간적인 견해에 도달하기 위해 우리가 꼭 갖추어야 할 문화적 필수품으로 보인다.

우리는 지식과 지혜를 가르는 간극과 더불어, 그 간극 안에서 살아간다. 이제 철학자들을 비롯한 모두가 그 간극에 관해 생각하기 시작해야 할 때다. 이 과제에 우리 개개인의 마음의 평화보다 더 많은 것들이 걸려 있을지도 모른다.

제 8 장

감히 알고자 하라: 이론의 고갈과 철학의 장래성

짜증스러운 '분석계와 대륙계의 분열'을 한때의 유감스러운 소통 단절로 되돌아볼 미래, 셀러스와 하버마스, 데이비슨과 가다머, 퍼트넘과 데리다, 롤스와 푸코를 같은 여행길을 걸어가는 동료 여행자들로 바라볼 미래를 상상하는 것은 기분 좋은 일이다.

—리처드 로티

나는 일련의 이론적 패러다임들 전체의 고갈이 오늘날 철학의 흥미로운 특징이라고 주장할 여지가 있다고 생각한다. 앞에서 말한 대로 분석철학은 다행히 역사적 자의식을 조금 갖추었고, 자신의 전통에 흥미를 갖게 되었으며, 칸트와 프레게 사이의 독일어권 철학에 정말로 흥미진진한 이야기가 있음을 깨달았다. 그러나 일각에서는 이것이 너무 늦게 달성한 변변찮은 성취는 아닌지, 분석철학의 기원과 역사, 더 나아가 헤겔주의적 전사(前史)뿐 아니라 오늘날 유행하는 포스트 분석철학까지도 소 잃고 외양간 고치는 격에 불과한 것은 아닌지 의심하고 있다.

독일어권을 보면, 하버마스가 은퇴한 이후 프랑크푸르트 학파는 현재의 의제와 미래의 방향이 다소 불분명하며, 오늘날 주류를 이루는 영미 도덕철학과 정치철학, 사회이론의 흐름들과 이 학파를 구별하기가 대체로 어려운 실정이다. 물론 전후에 대체로 독일 철학은 민족사회주의가 일으킨 대참사를 정상화해야 한다는 암묵적 과제에 중점을 두었다. 더 넓게 보면, 독일은 여하튼 철학적으로 잠잠하고, 전후의 위대한 세대에 속하는 하버마스, 카를오토 아펠(Karl-Otto Apel), 에른스트 투겐타트(Ernst Tugendhat), 미카엘 토이니센(Michael Theunissen), 디터 헨리히(Dieter Henrich), 니클라스 루만(Niklas Luhmann)은 거의 전부 작고했거나 은퇴했고, 계승자들은 아직까지 이들의 지적 경지에 도달하지 못했다.

현실을 직시하자. 오늘날 파리는 지난날의 파리가 아니다. 1930년대 프랑스에서 신칸트주의가 몰락하고 프랑스인들이 입에 올리는 'H 삼총사'(les trois H, 헤겔, 후설, 하이데거)가 떠오른 결과, 지적으로 놀랄 만큼 탁월한 두 세대가 등장했다.

첫째 세대로는 레비나스, 사르트르, 드 보부아르(de Beauvoir), 메를로퐁티, 레비스트로스(Lévi-Strauss), 라캉, 바타유, 블랑쇼(Blanchot)를 꼽을 수 있고, 둘째 세대로는 알튀세르, 푸코, 데리다, 들뢰즈, 리오타르, 크리스테바를 들 수 있다. 그러나 데리다가 여전히 왕성하게 활동하고 있고〔이 책은 2001년 출간되었고, 데리다는 2004년 타계했다—옮긴이〕 관심을 끄는 다수의 철학 작업이 진행 중이고(특히 프랑스 도덕철학과 정치철학의 부흥) 흥미롭게도 현상학이 부활하고는 있지만, 엄밀히 말하면 이 가운데 그 무엇도 눈부신 성공을 거두고 있다는 인상을 주지는 못한다.

물론 일반적으로 생각하는 대륙철학도 이런 문제들을 비켜가지 못하고 있다. 한때 전문 철학계 내부에서 정당화되었던 설명은, 독일 관념론과 낭만주의부터 시작해 현상학을 거쳐 해석학과 프랑크푸르트 학파에 이르는 철학 전통이 있었고, 지배적인 분석철학 접근법이 이 전통을 망각하거나 억압하거나 그저 무시한다는 것이었다. 이런 분석철학의 관점에서 보면, 아울러 존 스튜어트 밀과 매슈 아널드까지 거슬러올라가는 영국 특유의 몸짓을 섞어서 말하자면, 대륙철학은 바다 건너 대륙에서 외국 왕자들(공주들)을 수입해오는 문제, 대륙의 아름다움과 지성을 조금 더해서 섬나라의 음울한 공리주의를 빛나게 하는 문제다. 그러나 이제껏 내가 설명하고자 힘써

온 대로, 대륙철학 자체도 두 가지 실질적인 문제를 마주하고 있다. 첫째, 이미 지적했듯이 영국 해협 건너편 유럽에서 진행 중인 흥미로운 작업이 그리 많지 않다. 둘째, 찰스 테일러, 스탠리 카벨, 리처드 로티 같은 철학자들이 닦아놓은 토대 위에서 작업하는, 분석적 훈련을 받은 철학자들이 한때 무시당했던 대륙 전통의 많은 부분을 오늘날 흥미롭게 읽고 활용하고 있다.

새로운 천 년을 맞는 기분으로 생각에 잠기는 사람들에게는 철학의 미래가 어떠할지, 과연 미래가 있기나 할지 도통 불분명할 것이다. 그러나 나는 밝은 면을 보고 싶기에 현상황에 적용 가능한 두 가지 해결책을 제시하면서 이 책을 끝맺고자 한다. 내 이야기의 시작점인 칸트로 돌아가자. 칸트는 계몽주의의 기획을 "감히 알고자 하라"라는 말로 요약했다. 이 표현을 "너 스스로 생각하고자 하라"로 자유롭게 바꾸어도 괜찮을 것이다. 대륙철학자들은 바다 건너편에서 새로운 왕자들(공주들)을 전혀 기대할 수 없고, 내가 보기엔 기대해서도 안 된다. 우리는 프랑크푸르트건 파리건 다른 어디에서건, 대륙철학의 다음번 거대 패러다임을 기대할 수 없다.

우리는 우리 자신의 힘으로 철학적 사유를 해야 한다. 물론 위험천만한 일이다. 그러나 내가 보기엔 그런 작업이 시작되고 있다. 더 나아가 영국을 비롯한 영어권에서는 주요한 두 전통으로부터 영향을 받은 유서 깊은 철학적 쟁점들에 대한 진실하고도 비분파적인 관심이 다시 생겨나고 있고, 이 쟁점들을 지역별 조건에 맞추어 숙고하고 현지의 방언과 부족의 언어로 말하는 법을 배워야 한다는 의식이 나타나고 있다. 한 가지 문제는 대륙철학이 고유명의 목록으로 축소되고, 서로 경쟁하는 다양한 방법론들이 대륙철학에 덧붙여졌다는 것이다. 그렇게 쪼그라든 대륙철학은 강의에 열중하든 당혹스러워하든 심드렁하든 일련의 입문 강좌를 수강하거나, 이 책과 비슷한 책들을 읽음으로써 개관할 수 있다. 내 생각에 문제는 더이상 일련의 고유명들을 숭배하는 것이 아니라, 그 고유명들이 우리에게 남겨준 유산을 가지고서 **무언가를 하는** 것이다. 어떤 주제에 관한 창조적이고 창의적인 작업을 해야지 번역과 논평으로 활동을 국한해서는 안 된다. 명확히 주장하건대 철학은 잃어버린 기회를 우울하게 한탄하는 활동이나 상식을 가다듬는 기법에 불과한 것이 아니라, 우리에게 주어진 사유 전통들과 비판적 관계를 맺는 개념적 창조다.

내가 이제껏 보여주고자 애쓴 대로, 오늘날 철학 연구의 분열상은 부적절한 전문적 자기기술의 결과다. 대륙철학과 분석철학 둘 다 대단히 분파적인 자기기술이며, 이는 철학의 비판적 기능과 해방적 의도를 약화하고 문화생활에서 철학을 점차 주변화해온 과정인 철학 전문화의 결과다. 로티의 말을 빌

리자면 대륙철학과 분석철학을 구별하는 것은 그 자체로 짜증스러운 일이 되었다.

이 책에서 나는 분석철학과 대륙철학을 '두 문화' 문제의 필수적인 표현으로 보는 한층 흥미로운 역사상(像)과 이 구별 사이에 어떤 연관이 있는지를 말하고자 했다. '두 문화'는 바꾸어 말하면 과학적 설명 대 해석학적 해석, 경험적-과학적-벤담주의적-카르나프주의적 견해 대 해석학적-낭만주의적-콜리지주의적-하이데거주의적 견해다. 이 문화적 상황을 제대로 이해하지 못할 경우 한쪽의 과학주의와 반대쪽의 몽매주의가 교착하는, 무익하고 실은 극히 해로운 난국에 봉착할 위험이 있다는 것이 나의 주장이었다. 두 문화 문제를 올바로 이해하기 위해 우리는 칸트 이후에 철학이 걸어온 상이한 노선들과 철학을 규정하게 된 상이한 문제들을 이해해야 한다. 나는 이 이야기에서 유럽 대륙 쪽 상황을 약술하기 위해 칸트 이후 이성의 위기라는 주제에 초점을 맞추었고, 이 위기가 촉발한 니힐리즘의 문제틀을 기술했다. 바라건대 이 이야기가 더욱 분명해지고 좀체 사라지지 않는 분파주의를 극복하는 법을 배우고 나면, 우리는 철학적으로 전진하기 시작하여 오랫동안 깊은 지적 관심을 불러일으켜온 쟁점들, 이를테면 지식과 지혜의 간극과 관련된 쟁점들을 직시할 수 있을 것이다.

마지막으로 철학의 장래성, 실현되기를 소망하는 장래성을

21. 조르조 데 키리코(Giorgio de Chirico, 1888~1978), 〈아이의 뇌〉

제시하고자 한다. 철학은 특정한 문화의 생활에서, 한 문화가 자기 자신과, 그리고 다른 문화들과 대화하는 방식에서 필수적인 부분이 될 것이다. 철학은 특수한 맥락에서 사람들이 자신이 살아가는 세계를 분석할 때, "정의란 무엇인가?", "사랑이란 무엇인가?", "삶의 의미란 무엇인가?"처럼 가장 일반적인 형식의 물음으로 특정 사회에서 상식으로 통하는 것에 의문을 제기할 때, 비판적 반성으로 기능할 것이다. 좀더 노골적으로 말하자면, 나의 바람은 그러한 물음이 불러일으키는 다양한 고찰이 탐구와 논증을 통해 교육적·해방적 영향을 끼치는 것이다. 스탠리 카벨의 말마따나 철학은 성인(成人) 교육이다. 그러나 이를 새로운 견해로 보기는 어려운데, 소크라테스라면 철학에 대한 이런 기술에 놀라지 않았을 것이기 때문이다.

부록
「독일 관념론의 가장 오래된 체계-계획」(1796)

앞면

하나의 윤리학. 형이상학 전체는 장차 도덕에 속할 것이기 때문이다—이에 관해 칸트는 두 가지 실천적 요청들로 고작 한 가지 사례를 들었을 뿐 아무것도 철저히 규명하지 않았다. 이 윤리학은 모든 이념들의 완전한 체계, 다시 말해 모든 실천적 요청들의 완전한 체계 외에 아무것도 아닐 것이다. 첫번째 이념은 당연히 절대적으로 자유로운 존재인 나 자신에 대한 표상이다. 자유로운 자각적 존재와 더불어—무로부터—세계 전체가 동시에 등장한다—유일하게 참되고 사유 가능한 무로부터의 창조—여기서 나는 자연학 분야로 내려갈 것이다. 물음은 이러하다. 도덕적 존재에게 세계는 어떠해야만 하는가? 나는 실험을 통해 느리고 고되게 전진하는 우리의 자연학에 다시 날개를 달아주고 싶다.

철학이 이념들을 주고 경험이 자료들을 준다면 내가 후대에 기대하는 장대한 자연학을 우리는 마침내 얻을 수 있을 것이다. 현재의 자연학은 우리의 정신처럼 창조적인 정신, 또는 우리의 정신처럼 창조적이어야 하는 정신을 만족시키지 못하는 것으로 보인다.

나는 자연에서 인공물로 나아간다. 먼저 인류의 이념에 관해 말하자면, 나는 국가란 **기계적인** 무언가이기 때문에 **국가**의 이념은 없음을 보여주고자 한다. 이는 **기계**의 이념이 없는 것과 마찬가지다.

자유의 대상이 되는 것만이 **이념**이라 불린다. 그렇다면 우리도 국가를 넘어서야 한다!—모든 국가는 자유로운 사람들을 기계의 부품처럼 다룰 수밖에 없고, 국가가 이렇게 해서는 안되고, 이런 일을 막으려면 국가가 **끝을 맞아야만** 하기 때문이다.

이제 너희는 영원한 평화를 비롯한 모든 이념들이 한 상위 이념에 **종속된** 이념들일 뿐이라는 것을 분명히 알 수 있다. 아울러 나는 여기서 **인류 역사**의 원리들을 확립하고, 국가와 헌법, 정부, 입법 같은 가련한 인공물 일체를 완전히 드러내고자 한다. 마침내 도덕적 세계, 신성, 불멸의 이념들이 나타난다—모든 미신을 전복하는 것, 근래에 이성을 가장해온 성직(聖職)을 이성 자체로 추격하는 것.—지적인 세계를 자기들

안에 품고 있고 신이든 불멸이든 **자기들 밖에서** 찾지 않아도 되는 모든 정신들의 절대적 자유.

마지막으로 모든 것을 통합하는 이념, 더 고차적인 플라톤적 아름다움을 뜻하는 **아름다움**의 이념. 이제 나는 모든 이념들을 포괄하는 이성의 최고 활동이 심미적 활동이라는 것, **진리와 좋음은 아름다움 안에서만** 형제 사이라는 것을 확신한다—철학자는

뒷면

시인 못지않게 심미적 능력을 갖추어야 한다. 심미적 감각이 없는 사람들은 우리의 고지식한 철학자들이다. 정신철학은 심미적 철학이다. 심미적 감각이 없으면 어떤 일과 관련해서도 정신적일 수 없고, 심지어 역사에 관해서도 정신적으로 추론할 수 없다. 어떤 이념도 이해하지 못하는 사람들이 무엇을 결여하고 있는지가 여기서 분명해질 것이다—그들은 자신들에게 심미적 감각이 없다는 것을 정직하게 인정하는데, 표와 색인을 벗어나는 모든 것은 곧장 수수께끼가 된다고 실토할 정도다.

그런 까닭에 시는 더 높은 위엄을 획득하고, 종국에는 다시 맨 처음의 자신—**인류의 교사**—이 된다. 어떤 철학도 어떤 역사도 더이상 없기 때문에 시는 홀로 나머지 모든 학문과 예술

보다 오래 살아남을 것이다.

이와 동시에 우리는 대중에게 **감성적 종교**가 있어야 한다는 말을 너무나 자주 듣는다. 대중만이 아니라 철학자에게도 감성적 종교가 필요하다. 이성과 마음의 일신교, 상상력과 예술의 다신교, 이것이 우리에게 필요한 것이다!

내가 아는 한 아무도 떠올린 적이 없는 한 이념에 관해 나는 여기서 처음으로 말할 것이다—우리는 새로운 신화를 가져야 하지만, 이 신화는 이념들에 이바지해야 하고, **이성**의 신화가 되어야 한다.

우리가 이념들을 심미적으로, 즉 신화적으로 만들기 전에는 **민중**이 이념들에 아무런 관심도 보이지 않고, 반대로 신화가 이성적이 되기 전에는 철학자가 신화를 틀림없이 부끄러워할 것이다. 따라서 계몽된 것과 계몽되지 않은 것은 결국 화해해야 하고, 신화는 철학적이 되고 민중은 이성적이 되어야 하며, 철학은 철학자들을 감성적으로 만들기 위해 신화적이 되어야 한다. 그렇게 되면 영원한 통일성이 우리들 사이를 지배할 것이다. 경멸하는 눈길, 현자들과 성직자들 앞에서 민중이 눈을 감고 벌벌 떠는 일은 결코 없을 것이다. 그런 뒤에야 비로소 우리는 **모든** 힘들이, 개별적인 힘들뿐 아니라 모든 개인들의 힘들까지 동등하게 도야되리라 기대할 수 있다. 어떤 힘도 더는 억압당하지 않을 것이다. 그러고 나면 정신들의 보편적인 자유와 평등이 군림할 것이다!—하늘에서 보낸 상위의 정신이 우리들 사이에서 이 새로운 종교를 창설해야 하며, 그 종교는 인류의 가장 위대한 마지막 작품이 될 것이다.

참고문헌

제2장

Michael Dummett, *Origins of Analytical Philosophy* (Duckworth, London, 1993)

Frederick Beiser, 'The Context and Problematic for Post-Kantian Philosophy', in *A Companion to Continental Philosophy* (Blackwell, Oxford, 1998)

F. H. Jacobi, 'Open Letter to Fichte', trans. D. I. Behler, in *Philosophy of German Idealism*, ed. E. Behler (Continuum, New York, 1987)

Max Stirner, *The Ego and Its Own*, ed. D. Leopold (Cambridge University Press, Cambridge, 1995)

Jean-Paul Sartre, *Being and Nothingness*, trans. Hazel Barnes (Routledge, London, 1958)

Fyodor Dostoevsky, *The Devils*, trans. D. Magurshak (Penguin, Harmondsworth, 1971)

Dostoevsky, *The Diary of a Writer*, trans. B. Brasol (George Braziller, New York, 1954)

제3장

David E. Cooper, 'Modern European Philosophy', in *The Blackwell Compaion to Philosophy* (Blackwell, Oxford, 1996)

Bernard Williams, 'Contemporary Philosophy: A Second Look', in *The Blackwell Companion to Philosophy* (Blackwell, Oxford, 1996)

Stanley Rosen, *The Question of Being. A Reversal of Heidegger* (Yale University Press, New Haven, 1993)

A. J. Ayer, *Part of my Life* (Collins, London, 1977)

Georges Bataille, 'Un-knowing and its consequences', in *October*, no. 36 (1986)

The Oxford Companion to Philosophy ed. Ted Honderich (Oxford University Press, Oxford, 1995)

John Searle, 'Contemporary Philosophy in the United States', in *The Blackwell Companion to Philosophy*, ed. Nicholas Bunnin and E. P. Tsui James (Blackwell, Oxford, 1996)

Mill and Bentham, *Utilitarianism and Other Essays*, ed. Alan Ryan (Penguin, Harmondsworth, 1987)

Mill, *Autobiography*, ed. J. Stillinger (Houghton Mifflin, Boston, 1969)

C. P. Snow, *The Two Cultures* (Cambridge University Press, Cambridge, 1998)

Stephen Toulmin, *Cosmopolis* (University of Chicago Press, Chicago, Ill., 1990)

알림: 내가 에이어와 바타유에 관해 논할 수 있었던 것은 유하 히만카(Juha Himanka)와의 대화 덕분이고, 콜리지에 관한 밀의 에세이를 언급할 수 있었던 것은 조너선 리(Jonathan Ree) 덕분이다.

제4장

Richard Rorty, *Contingency, Irony, and Solidarity* (Cambridge University Press, Cambridge, 1989)

Stanley Cavell, *The Claim of Reason* (Oxford University Press, Oxford, 1979)

Richard Rorty's Introduction to Sellars' *Empricism and the Philosophy of Mind* (Harvard University Press, Cambridge, Mass., 1997)

The Analytic Tradition, eds. David Bell and Neil Cooper (Blackwell, Oxford, 1990)

Ray Monk, *Ludwig Wittgenstein. The Duty of Genius* (Jonathan Cape, London, 1990) and *Bertrand Russell: The Spirit of Solitude* (Jonathan Cape, London, 1996)

Michael Ignatieff, *Isaiah Berlin* (Chatto and Windus, London, 1998)

Ben Rogers, *A. J. Ayer. A Life* (Chatto and Windus, London, 1999)

Rudiger Safranski, *Martin Heidegger. Between Good and Evil* (Harvard University Press, Cambridge, Mass., 1998)

Georg Lukács, *Soul and Form* (Merlin, London, 1974)

Jacques Derrida, *Edmund Husserl's 'Origin of Geometry': An Introduction*, trans., J. P. Leavey (University of Nebraska Press, Lincoln, Nebr., 1989)

Martin Heidegger, *Being and Time*, trans. J. Macquarrie and E. Robinson (Blackwell, Oxford, 1962)

'Wissenschaftliche Weltauffassung: Der Wiener Kreis' in Otto Neurath, *Empricism and Sociology* (Reidel, Dordrecht, 1973)

제5장

Kant, *The Critique of Judgement*, trans. James Creed Meredith (Oxford

University Press, Oxford, 1952)

Emerson, 'Experience', in *Selected Essays*, ed. L. Ziff (Penguin, Harmondsworth, 1982)

Turgenev, *Fathers and Sons*, trans. R. Edmonds (Penguin, Harmondsworth, 1965)

Nietzsche, *The Will to Power*, trans. Walter Kaufmann and R. J. Hollingdale (Vintage, New York, 1968)

Hegel, *Phenomenology of Spirit*, trans. A. V. Miller (Oxford University Press, Oxford, 1977)

제6장

Martin Heidegger, *Pathmarks*, ed. William McNeill (Cambridge University Press, Cambridge, 1998)

Rudolf Carnap, 'The Elimination of Metaphysics Through Logical Analysis of Language', in *Logical Positivism*, ed. A. J. Ayer (Free Press, Glencoe, Scotland, 1959)

Carnap, *The Unity of Science* (Thoemmes Press, Bristol, 1995)

Arne Naess, *Four Modern Philosophers. Carnap, Wittgenstein, Heidegger, Sartre* (University of Chicago Press, Chicago, 1968)

Heidegger, *On the Way to Language* (Harper and Row, New York, 1971)

Karl Popper, 'The Demarcation Between Science and Metaphysics', in *The Philosophy of Rudolf Carnap* (Open Court, La Salle, 1963)

W. V. O. Quine, *From a Logical Point of View* (Harvard University

Press, Cambridge, Mass., 1980)

Wilfrid Sellars, *Empricism and the Philosophy of Mind* (Harvard University Press, Cambridge, Mass., 1997)

Wittgenstein, 'On Heidegger on Being and Dread', in *Heidegger and Modern Philosophy*, ed. Michael Murray (Yale University Press, Newhaven, Conn., 1978)

제7장

Jürgen Habermas, *Knowledge and Human Interests*, trans. Jeremy J. Shapiro (Polity Press, Cambridge, 1987)

Maurice Merleau-Ponty, 'The Philosopher and his Shadow', in *Signs* (Northwestern University Press, Evanston, Ill., 1964)

Edmund Husserl, *The Crisis of the European Sciences* (Northwestern University Press, Evanston, Ill., 1954)

Martin Heidegger, *Being and Time,* (Blackwell, Oxford, 1962)

Heidegger, *The Concept of Time,* trans., W. McNeill (Blackwell, Oxford, 1992)

Wittgenstein, *Philosophical Investigations*, trans. G. E. M. Anscombe (Blackwell, Oxford, 1958)

Frank Cioffi, *Wittgenstein in Freud and Frazer* (Cambridge University Press, Cambridge, 1998)

Hilary Putnam, *Meaning and the Moral Sciences* (Routledge, London, 1978)

독서안내

칸트와 독일 관념론부터 시작하는 대륙철학 전통 전체를 간명하게 개괄하는 근래의 저작들로는 다음을 보라. Simon Critchley and William Schroeder (eds), *A Companion to Continental Philosophy* (Blackwell, Oxford, 1998) and Simon Glendinning (ed.), *The Edinburgh Encyclopedia of Continental Philosophy* (Edinburgh University Press, Edinburgh, 1999). 나는 이 책의 원고를 쓰면서 방금 언급한 Blackwell 출판사 안내서의 서론에 실린 자료를 확장했다. 이 책의 제7장은 이와는 다른 형태로, *Times Higher Education Supplement*, 제6호(1998년 2월)에 「Dare to Think」라는 제목으로 수록되었다. 대륙철학 전통을 한 권으로 요약한 유익한 저작들로는 다음을 보라. Robert Solomon, *Continental Philosophy Since 1750* (Oxford University Press, Oxford, 1988) 및 David West, *An Introduction to Continental Philosophy* (Polity Press, Cambridge, 1996). 일차 텍스트에서 발췌한 부분들을 포함하는 선집들로는 다음을 보라. Richard Kearney and Mara Rainwater (eds), *The Continental Philosophy Reader* (Routledge, London, 1996) 및 Karen Feldman and William McNeill (eds), *Continental Philosophy: An Anthology* (Blackwell, Oxford, 1997).

나는 제1장에서 전개한 논증의 단서를 세 책에서 얻었다. Pierre Hadot, *Philosophy as a Way of Life* (Blackwell, Oxford, 1995), Stephen Toulmin, *Cosmopolis* (University of Chicago Press, Chicago, Ill., 1990) 및 John

Cottingham, *Philosophy and the Good Life* (Cambridge University Press, Cambridge, 1998). 또한 나는 삶의 의미와 학문의 관계라는 문제와 관련하여 도스토옙스키의 『지하로부터의 수기』를 자주 떠올렸다. 철학 입문용으로 이 작품보다 나은 텍스트는 별로 없다.

제2장의 논증은 Michael Dummett, *Origins of Analytical Philosophy* (Duckworth, London, 1993)와 Frederick Beiser, *The Fate of Reason: German Philosophy from Kant to Fichte* (Harvard University Press, Cambridge, Mass., 1987)로부터 강하게 영향을 받았다. 독일 관념론과 낭만주의의 양상 및 추이를 개관하려면 Blackwell 출판사에서 펴낸 *Companion to Continental Philosophy* 가운데 'The Kantian Legacy' 부분에 실린 여섯 편의 에세이를 참조하라. 또한 같은 책의 'Neo-Kantianism' 부분에 실린 스티븐 크로얼(Steven Crowell)의 에세이도 보라. 독일 낭만주의와 관념론, 그리고 이것들과 현대 철학의 연관성을 개관하는 데는 앤드루 보위(Andrew Bowie)의 저술, 특히 *Aesthetics and Subjectivity* (Manchester University Press, Manchester, 1990)가 아주 유용하다. 제3장에서 논한, 벤담과 콜리지에 관한 존 스튜어트 밀의 에세이들은 *Utilitarianism and Other Essays* (Penguin, Harmondsworth, 1987)에서 찾아볼 수 있다. 두 문화 문제와 관련해서는 *The Two Cultures* (Cambridge University Press, Cambridge, 1998)에 실린 스테펀 콜리니(Stefan Collini)의 서론이 매우 유익하다.

제4장은 로티와 카벨을 언급하며 시작한다. 그들의 작업에 대한 최고의 소개는 그들 자신의 저작이다. 이제는 고전이 된 로티의 책

Philosophy and the Mirror of Nature (Princeton University Press, Princeton, NJ, 1980)와 카벨의 놀랍도록 풍성한 책 *The Claim of Reason* (Oxford University Press, Oxford, 1979)을 보라. 전통 문제와 그 밖의 다른 많은 문제들에 관해서는 후설의 고전 *The Crisis of European Sciences and Transcendental Phenomenology* (Northwestern University Press, Evanston, 1970)와 하이데거의 *Being and Time* (Blackwell, Oxford, 1962)의 '서론'을 보라.

제5장으로 넘어가서, 니체 이전 니힐리즘에 관한 유익한 논의로는 Michael Gillespie, *Nihilism Before Nietzsche* (University of Chicago Press, Chicago, Ill., 1995)를 보라. 니체의 니힐리즘에 관해서는 Mark Warren, *Nietzsche and Political Thought* (MIT Press, Cambridge, Mass., 1988)와 Keith Ansell-Pearson, *Nietzsche as a Political Thinker* (Cambridge University Press, Cambridge, 1994)를 보라. 니힐리즘에 어떻게 대응할 것인지에 관한 나 자신의 생각은 *Very Little ... Almost Nothing* (Routledge, London, 1997)을 보라.

제6장에서 논한 하이데거-카르나프 논전과 관련한 카르나프의 에세이는 *Logical Positivism*, ed. A. J. Ayer (Free Press, Glencoe, 1959)에 'The Elimination of Metaphysics through Logical Analysis of Language'라는 제목으로 실려 있다. 하이데거의 '형이상학이란 무엇인가?(What is Metaphysics?)'의 가장 정확한 번역은 *Pathmarks*, ed. William McNeil (Cambridge University Press, Cambridge, 1998)에서 찾아볼 수 있다. '형이상학이란 무엇인가?'의 흥미로운 '후기'와 '서론'도

같은 책에 실려 있다. '노란 책자'는 Otto Neurath, 'The Scientific Conception of the World' (1929) in *Empricism and Sociology* (Reidel, Dordrecht, 1973)에서 찾아볼 수 있다.

과학주의와 몽매주의 문제에 관한 제7장의 논증을 고무한 것은 Frank Cioffi의 작업이다. 그의 *Wittgenstein on Freud and Frazer* (Cambridge University Press, Cambridge, 1998)를 보라. 아울러 Habermas, *Knowledge and Human Interests* (Polity Press, Cambridge, 1987)와 Richard Bernstein, *Beyond Objectivism and Relativism* (University of Pennsylvania Press, Philadelphia, Pa., 1983)도 보라. 인과적 설명과 해석적 이해의 관계에 관한 고전적 진술은 Peter Winch, *The Idea of a Social Science and its Relation to Philosophy* (Routledge, London, 1990)를 보라.

제8장에서 넌지시 말한 개념 창조로서의 철학이라는 생각에 관해서는 들뢰즈와 가타리의 놀랄 만한 저작 *What is Philosophy?* (Columbia University Press, New York, 1994)에서 앞부분 장들을 보라.

역자 후기

대륙철학이라는 잘 규정된 탐구 영역을 간명하게 개관하는 책이겠거니 하는 가벼운 마음으로 읽기 시작한 독자라면 서두부터 적잖이 당황했음직하다. 칸트, 헤겔, 후설, 키르케고르 등 대륙철학을 대표하는 철학자들의 난해한 학설을 이해하기 쉽게 간추린 서술을 기대한 독자도 실망했을 법하다. 그렇지만 예상을 벗어난 내용일지라도 끝까지 읽은 독자라면 대륙철학을, 어쩌면 철학 자체까지 종전과는 다른 시각에서 보게 되었을 것이다.

저자가 지적하듯이 대륙철학은 잘 규정된 영역이 아니라 논란의 영역이다. 무엇보다 분석철학 진영에서는 학문으로서의 정확성·명확성·엄격성·객관성을 결여한 대륙철학이 과연 철학의 '올바른 경로'인지를 의심하거나 부정해왔다. 일각에서는 대륙철학이 철학적 논증에 손을 놓고 지난날의 텍스트를 해명하는 작업에만 골몰한다는 혐의를 씌우기도 한다.

이런 의심이나 비판과 맞서 대륙철학에 대한 해묵은 오해와 고정관념을 바로잡는 것이 이 책의 목적 중 하나다. 대륙철학에는 전문적 자기기술과 문화적 특징이라는 두 가지 의미가 있으며, 대륙철학에 대한 적의나 의구심은 주로 이 두 가지 상이한 범주를 뒤섞는 데서 기인한다는 것이 저자의 진단이다. 두말할 나위 없이 전문 분과로서의 대륙철학에 대한 비판은 가능하고 또 필요하다. 그런데 대륙철학 자체의 정당성 혹은 타당성마저 부정할 수 있을까? 철학과에 분석철학만 남겨놓는다고 해서 대륙철학적 사유가 사라질까? 저자는 단연코 아니라고 말한다. 더 넓은 역사적 시각에서 보면, 대륙철학은 근대성의 기원까지 거슬러오르는 두 문화 혹은 두 전통의 일면이기 때문이다. 따라서 철학을 논리 분석으로 국한하자는 주장은 몰역사적 단견이자 그 자체로 오늘날의 문화적 병리의 표현이다.

저자가 보기에 대륙철학은 인식의 타당한 토대를 정초하려다가 뜻하지 않게 기존 가치 체계의 붕괴를 촉발한 칸트의 비판철학에서 시작되었다. 그렇기에 대륙철학은 가치가 탈가치화되고 의미의 질서가 무너지는 니힐리즘이라는 문제틀을 공유한다. 다시 말해 대륙철학자들에게 근대 세계는 가치와 의미의 확실성을 보장하던 근거가 사라진 위기의 세계다. 이 위기를 의식하지 못하는 상태야말로 진짜 위기이므로 그들은 위기를 '생산'한다. 다만 그들이 위기의 내용을 규정하고 전통의 재활성화를 통해 대응하는 방법은 각기 다를 수 있다. 그렇다 해도 위기에 제대로 대처하지 못하는 기존의 이론과 실천을 비판하고 개인이나 집단의 해방을 추구한다는 큰 틀에서 보면 그들은 같은 입장이다.

근대에 들어 과학혁명은 지식과 지혜, 진리와 의미, 이론과 실천, 인과적 설명과 실존적 이해를 갈라놓았다. 저자에 따르면 인간이 세계를 파악하고 이해하는 두 가지 근본적 방식인 지식과 지혜를 갈라놓는 간극은 경험적 조사로 환원하거나 인과적 설명으로 해소할 수 있는 성질의 것이 아니다. 그 간극은 아무리 포괄적인 이론을 내놓아도 사라지지 않는다. 설명상의 빈틈이 아니라 삶의 의미를 고민하는 인간이라면 누구나 '느끼는' 간극이기 때문이다. 이를 증명이라도 하듯이 현대인들은 여전히 "삶과 죽음이란 무엇인가", "어떻게 살 것인가", "어떻게 죽을 것인가", "정의란 무엇인가", "사랑이란 무엇인가", "공동체란 무엇인가" 같은 해묵은 물음들의 답을 구하고 있다. 저자가 보여주듯이 대륙철학의 주된 호소력은 지식과 지혜를 통합하려고, 적어도 둘 사이의 거리를 좁히려고 시도한다는 데 있다. 그러니 삶의 의미를 고민하는 사람이라면 이미 오랫동안 같은 물음을 반성해온 대륙철학에 의지하는 것이 지혜로운 선택이리라.

독서안내

이 책에 나오는 수많은 철학자와 철학서 중에는 이름만 거론되는 경우도 많으므로 여기서는 본문의 내용과 연관되는 저작과, 저자가 참고문헌에 수록한 책들 중에서 한국어로 번역된 저작의 서지사항만 제시한다. 아쉽게도 저자와 엇비슷한 관점에서 대륙철학을 개관하는 책은 찾기 어려웠다. 대신 아래 개론서들에서 관련 부분을 참조하기 바란다.

개론

『철학 古典 강의』, 강유원 지음, 라티오

『철학으로서의 철학사』, 훌리안 마리아스 지음, 강유원 · 박수민 옮김, 유유

『세상의 모든 철학』, 로버트 솔로몬 · 캐슬린 히긴스 지음, 박창호 옮김, 이론과실천

『18, 19세기 독일철학』, F. C. 코플스턴 지음, 표재명 옮김, 서광사

『독일 관념론 철학』, 니콜라이 하르트만 지음, 이강조 옮김, 서광사

『근대철학』, 앤서니 케니 지음, 김성호 옮김, 서광사

『현대철학』, 앤서니 케니 지음, 이재훈 옮김, 서광사

제1장

『코스모폴리스』, 스티븐 툴민 지음, 이종흡 옮김, 경남대학교출판부

『지하로부터의 수기』, 표도르 도스토옙스키 지음, 계동준 옮김, 열린책들

제2장

『전체 지식론의 기초』, 요한 고틀리프 피히테 지음, 한자경 옮김, 서광사

『스피노자 학설』, 프리드리히 야코비 지음, 최신한 옮김, 지만지

『하만 사상선집』, 요한 게오르크 하만 지음, 김대권 옮김, 인터북스

『인식과 관심』, 위르겐 하버마스 지음, 강영계 옮김, 고려원

『존재와 무』, 장 폴 사르트르 지음, 정소성 옮김, 동서문화사

『프레게』, 앤서니 케니 지음, 최원배 옮김, 서광사

『헤겔 이후』, 프레더릭 바이저 지음, 이신철 옮김, 도서출판b

『프랑켄슈타인』, 메리 셸리 지음, 김선형 옮김, 문학동네

『악령』, 표도르 도스토옙스키 지음, 김연경 옮김, 열린책들

제3장

『존 스튜어트 밀 자서전』, 존 스튜어트 밀 지음, 최명관 옮김, 창

『두 문화』, 찰스 퍼시 스노 지음, 오영환 옮김, 사이언스북스

제4장

『판단력 비판』, 이마누엘 칸트 지음, 이석윤 옮김, 박영사

『유럽학문의 위기와 선험적 현상학』, 에드문트 후설 지음, 이종훈 옮김, 한길사

『존재와 시간』, 마르틴 하이데거 지음, 이기상 옮김, 까치

『우연성, 아이러니, 연대성』, 리처드 로티 지음, 김동식 옮김, 민음사

『리처드 로티, 우연성 아이러니 연대성』, 이유선 지음, 커뮤니케이션북스

『비트겐슈타인 평전』, 레이 몽크 지음, 남기창 옮김, 필로소픽

『이사야 벌린』, 마이클 이그나티에프 지음, 이화여대 통번역연구소 옮김, 아산정책연구원

제5장

『니체 전집』, 프리드리히 니체 지음, 김기선 외 옮김, 책세상

『문화와 가치』, 루트비히 비트겐슈타인 지음, 이영철 옮김, 책세상

『아버지와 아들』, 이반 투르게네프 지음, 이항재 옮김, 문학동네

제6장

『철학적 탐구』, 루트비히 비트겐슈타인 지음, 이영철 옮김, 책세상

『이정표 1』, 마르틴 하이데거 지음, 신상희 옮김, 한길사

『언어로의 도상에서』, 마르틴 하이데거 지음, 신상희 옮김, 나남출판

『과학철학입문』, 루돌프 카르납 지음, 윤용택 옮김, 서광사

『논리적 관점에서』, W. V. O. 콰인 지음, 허라금 옮김, 서광사

『객관적 지식』, 칼 포퍼 지음, 이한구 외 옮김, 철학과현실사

제7장

『시간개념』, 마르틴 하이데거 지음, 김재철 옮김, 길

『지각의 현상학』, 모리스 메를로 퐁티 지음, 류의근 옮김, 문학과지성사

『철학이란 무엇인가』, 질 들뢰즈 · 펠릭스 가타리 지음, 이정임 옮김, 현대미학사

도판 목록

유럽 대륙철학

CONTINENTAL PHILOSOPHY

초판 인쇄 2016년 12월 12일
초판 발행 2016년 12월 22일

지은이 사이먼 크리츨리
옮긴이 이재만
펴낸이 염현숙
편집인 신정민

편집 최연희
디자인 강혜림
저작권 한문숙 김지영
마케팅 방미연 최향모 오혜림 함유지
홍보 김희숙 김상만 이천희
제작 강신은 김동욱 임현식

제작처 한영문화사(인쇄) 한영제책사(제본)
펴낸곳 (주)문학동네
출판등록 1993년 10월 22일
제406-2003-000045호
임프린트 교유서가
주소 10881 경기도 파주시 회동길 210
문의전화 031) 955-1935(마케팅)
031) 955-2692(편집)
팩스 031) 955-8855
전자우편 gyoyuseoga@naver.com
ISBN 978-89-546-4381-8 03160

• 이 도서의 국립중앙도서관 출판예정도서목록(CIP)은
서지정보유통지원시스템 홈페이지(http://seoji.nl.go.kr)와
국가자료공동목록시스템(http://www.nl.go.kr/kolisnet)에서 이용하실 수 있습니다.
(CIP제어번호: CIP2016029885)

www.munhak.com